영어의 기초를 다져주는
magic

초등

영어 문법

영어의 기초를 다져 주는

영어 실력이 쑥쑥자라는

초등 영어 문법 [개정판2]

2006년 5월 3일   초판   1쇄 발행
2012년 6월 20일 개정판   1쇄 발행
2024년 11월 15일 개정판2 1쇄 인쇄
2024년 11월 20일 개정판2 1쇄 발행

지은이 이동호
펴낸이 이규인
펴낸곳 국제어학연구소 출판부

출판등록 2010년 1월 18일 제302-2010-000006호
주소 서울특별시 마포구 대흥로4길 49, 1층(용강동 월명빌딩)
Tel (02) 704-0900 **팩시밀리** (02) 703-5117
홈페이지 www.bookcamp.co.kr
e-mail changbook1@hanmail.net
ISBN 979-11-9880101-2 13740
정가 18,000원

영어의 기초를 다져주는

magic

초등

영어 문법

개정판 2

글 이동호

ILR 국제어학연구소

 # 머리말

who?

왜 영어를 배워야 할까?

지금은 세계가 '영어'라는 언어로 하나가 되어 가고 있다. 이처럼 세계가 언어라는 매개로 하나가 되는 현실에서 세계인으로 우뚝 서기 위해서는 세계 공통어가 된 영어의 익힘이 필수적이다. 언어 소통이 되지 않고서는 어떠한 경쟁에도 참여할 수 없을 뿐만 아니라 자아 성취도 달성할 수 없기 때문이다.

언제부터 영어 공부를 시작하면 좋을까?

일반적으로 빠르면 빠를수록 좋다고 말들을 한다. 학자에 따라서는 모국어 습득 후가 적당하다는 설도 만만치 않다. 하지만 영어 환경에 24시간 노출되어 있지 않은 우리의 교육 현실에서는, 영어가 자연스럽게 터지도록 한다는 것은 대단한 노력과 인내가 필요하며 일상생활에서부터 영어 사용이 자연스럽게 이루어져야 한다.

"본 교재는 영어를 처음 접하는 초등학생들을 염두에 두고 제작되었다.
여기에 수록된 용어와 설명, 예문을 잘 이해하고 익혀서
여러분들도 영어에 한 발자국 더 가까이 다가갈 수 있게 되기를 바란다."

영어 문법을 익히면
정말로 영어를 잘 하게 될까?

영어 단어를 익히고, 한 문장 한 문장 익히다 보면 영어를 편안하게 느낄 수 있는 단계에 이르게 된다. 그 단계를 거쳐야만 영어로 자신의 생각을 표현할 수 있게 된다. 문법은 이러한 단계에 빨리 이를 수 있도록 도와주는 역할을 한다. 영어라는 언어를 바르게 습득하기 위한 한 과정이라고 생각하면 된다.

영어 문법은 어떻게 가르쳐야 될까?

문법은 일단 용어 자체가 초등학생들이 이해하기 어려운 부분이 많다. 따라서 삽화를 곁들인 자세한 설명과 많은 예문을 통한 반복 학습이 중요하다. 이 책에서는 다양하고 많은 예문을 실어 학생들이 자연스럽게 올바른 문장을 익힐 수 있도록 엮어 놓았다.

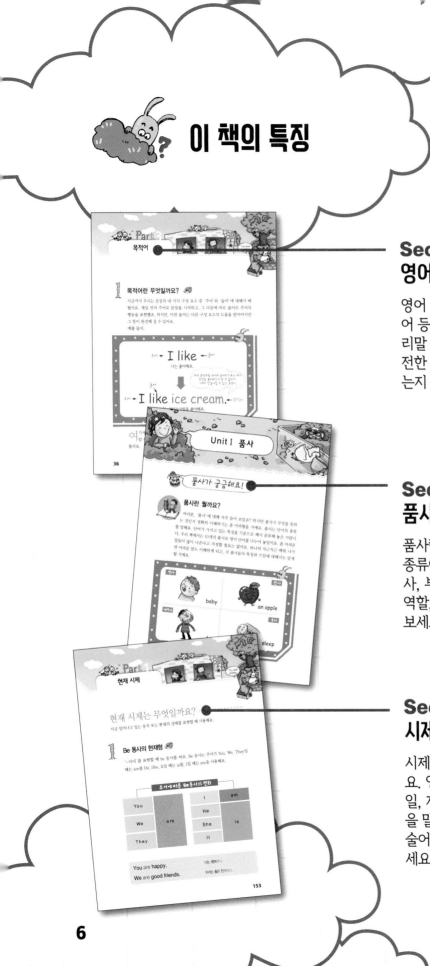

이 책의 특징

Section I
영어 문장을 알아봐요

영어 문장은 주어, 술어, 목적어, 보어 등이 모여 만들어져요. 하지만 우리말 문장과는 그 순서가 달라요. 완전한 문장이 무엇이며, 어떻게 만드는지 꼼꼼히 익혀 보세요.

Section II
품사를 알아봐요

품사란 영어 문장을 만드는 단어의 종류예요. 명사, 대명사, 동사, 형용사, 부사, 전치사 등 단어의 종류와 역할, 그리고 올바른 사용법을 배워 보세요.

Section III
시제를 알아봐요

시제란 과거, 현재, 미래 등을 말해요. 영어 문장에서는 과거에 일어난 일, 지금 일어나는 일, 앞으로 할 일을 말할 때 술어의 모양이 달라져요. 술어를 올바르게 쓰는 법을 익혀 보세요.

Section IV
문장의 형태를 알아봐요

영어에는 어떤 문장 형태가 있을까요. 우리가 일상적으로 사용하는 평서문, 질문할 때 사용하는 의문문, 무언가를 시키거나 요청할 때 사용하는 명령문 등이 있어요. 이러한 문장을 쓰임에 맞게 사용하는 법을 익혀 보세요.

연습문제

앞에서 배운 것을 확실하게 이해하고 익혔는지 테스트해 보고 모르는 것은 다시 한 번 익혀 보세요.

불규칙 동사 카드

영어에서는 술어의 역할을 하는 동사가 매우 중요하답니다. 동사는 시제에 따라서 그 형태가 변합니다. 이러한 동사를 불규칙 동사라 하는데, 동사의 변화를 한눈에 볼 수 있도록 현재형과 과거형을 정리하여 놓았습니다.

Quiz

재미있는 퀴즈를 통해 앞에서 배운 내용을 다시 한 번 익혀 보세요.

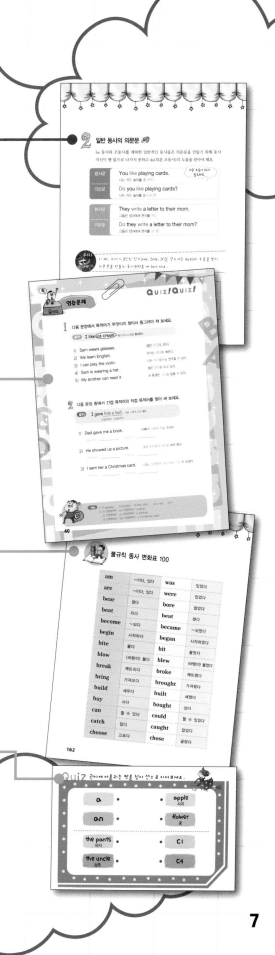

목차

Section I 영어 문장을 알아보아요

Unit I 영어 문장 ·· **14**
영어 문장을 알고 싶어요! • 15
문장의 구성 요소 • 18

1. 주어 ·· **23**
1. 우리말 문장의 주어 • 23 | 2. 영어 문장의 주어 • 24
3. 주어 역할을 하는 명사 • 25 | 4. 주어 역할을 하는 대명사 • 26

2. 술어 ·· **28**
1. 영어 문장의 술어 • 28
2. 술어 역할을 하는 동사 • 29
3. 우리말 문장과 영어 문장의 다른 점 • 30
4. 주어에 따라 달라지는 술어 • 31
5. 시간에 따라 달라지는 술어 • 33

3. 목적어 ·· **36**
1. 목적어란 무엇일까요? • 36
2. 목적어의 종류 • 37
3. 목적어 역할을 하는 명사와 대명사 • 38
4. 목적어 역할을 하는 대명사 • 39

4. 보어 ·· **41**
1. 보어란 무엇일까요? • 41
2. 보어 역할을 하는 명사 · 대명사 · 형용사 • 43
3. 보어 역할을 하는 대명사 • 44

Unit Ⅱ 문장의 형식 ··· **46**

1. 첫 번째 문장의 형식/주어+술어

1. 주어와 술어만으로 이루어진 첫 번째 문장의 형식 • 49
2. 확장된 첫 번째 문장의 형식 • 51

2. 두 번째 문장의 형식/주어+술어+보어

1. 두 번째 문장 형식의 의미 • 54

3. 세 번째 문장의 형식/주어+술어+목적어

1. 목적어를 필요로 하는 세 번째 문장의 형식 • 58

4. 네 번째 문장의 형식/주어+술어+간접목적어+직접목적어

1. 두 개의 목적어를 필요로 하는 네 번째 문장의 형식 • 62
2. 네 번째 문장이 이루어지는 원리 • 63
3. 목적어로 쓰이는 명사와 대명사 • 64

5. 다섯 번째 문장의 형식/주어+술어+목적어+목적보어

1. 목적보어를 가지는 다섯 번째 문장의 형식 • 66
2. 목적보어 역할을 하는 명사 · 대명사 · 형용사 • 68

Section Ⅱ 품사를 알아보아요

Unit Ⅰ 품사 ·· **72**
품사가 궁금해요. • 72

Unit Ⅱ 품사의 종류 ··· **74**
품사의 종류를 알고 싶어요 • 74

1. 명사 ··· 84

1. 명사란 사람·장소·사물·생각의 이름이에요 • 84
2. 명사에는 셀 수 있는 명사와 셀 수 없는 명사가 있어요 • 85
3. 여러 개 있는 명사 뒤에는 −s를 붙여요 • 87
4. 세상에 하나밖에 없는 명사는 첫 글자를 대문자로 써요 • 89
5. ‘Kelly의~’라고 말하고 싶을 때는 ’s를 붙여요 • 90

2. 대명사 ·· 93

1. 사람을 가리키는 대명사가 따로 있어요 • 93
2. 소유를 나타내는 대명사도 있어요 • 96
3. 사물을 가리키는 대명사도 있어요 • 98
4. 질문을 할 때 필요한 대명사도 있어요 • 100

3. 관사 ··· 104

1. 여러 가지 관사들 • 104

4. 동사 ··· 107

1. 제일 간단하면서도 복잡한 동사가 be동사예요 • 107
2. 이번엔 일반 동사에 대해 알아볼까요? • 109

5. 조동사 ·· 114

1. 능력을 말할 때 can, 허락해 줄 때 may를 써요 • 114
2. 의무를 나타내는 조동사에는 must와 should가 있어요 • 116
3. 공손하게 부탁할 때 could와 would를 써요 • 117

6. 형용사 ·· 120

1. 형용사에는 어떤 말들이 있을까요? • 120
2. 형용사는 명사 앞이나 be동사 뒤에 와요 • 122
3. 비교할 때 쓰는 형용사를 알아 보아요 • 124
4. 수를 나타내는 형용사도 있어요 • 126
5. ‘얼마만큼’을 나타내는 형용사도 배워 봅시다 • 128

7. 부사 ·· 132
1. 부사에도 여러 가지 모양이 있어요 • 132
2. '얼마나 자주'를 나타내는 부사들도 있어요 • 135

8. 접속사 ·· 138
1. 접속사의 종류 • 138

9. 전치사 ·· 144
1. 장소를 나타내는 전치사를 배워 봅시다 • 144
2. 시간을 나타내는 전치사를 배워 봅시다 • 146

10. 감탄사 ·· 149

Section **Ⅲ** 시제를 알아보아요

Unit I 시제 ·· 152

1. 현재 시제 ·· 153
1. be동사의 현재형 • 153
2. 일반 동사의 현재형 • 155

2. 과거 시제 ·· 157
1. be동사의 과거형 • 157
2. 일반 동사의 과거형 • 159

3. 미래 시제 ·· 169
1. be동사의 미래형 • 169
2. 일반 동사의 미래형 • 170

4. 현재 진행형 시제 ··· 172

1. 현재 시제와 진행 시제의 차이 • 172
2. 현재 진행형을 만드는 방법 • 173

5. 수동태 ··· 175

1. 수동태의 의미와 형태 • 175
2. 수동태의 시제 • 176
3. 수동태의 부정문 • 178
4. 수동태의 의문문 • 180

Section IV 문장의 형태를 알아보아요

Unit I 문장의 형태 ··· 184

1. 평서문 ·· 186

1. 긍정문이란 무엇일까요 • 186
2. 부정문이란 무엇일까요 • 187
3. 일반 동사의 부정문 • 189

2. 의문문 ·· 192

1. be동사와 조동사의 의문문 • 192
2. 일반 동사의 의문문 • 194
3. 의문사가 있는 의문문 • 196
4. 의문사가 있는 의문문의 예들 • 197
5. how 의문문의 여러 가지 표현들 • 199

3. 명령문 ·· 202

1. 명령문 만드는 방법 • 202
2. 부정 명령문 만들기 • 203
3. 권유문 만들기 • 204

책속의 부록 100개의 불규칙 동사(현재형 과거형) ········· 162
단원별로 엄선된 보충 문제집 워크북 ········· 209

Section I
영어 문장을 알아보아요

Unit I 영어 문장

1. 주어
2. 술어
3. 목적어
4. 보어

Unit II 문장의 형식

1. 첫 번째 문장의 형식 / 주어+술어
2. 두 번째 문장의 형식 / 주어+술어+보어
3. 세 번째 문장의 형식 / 주어+술어+목적어
4. 네 번째 문장의 형식 / 주어+간접목적어+직접목적어
5. 다섯 번째 문장의 형식 / 주어+술어+목적어+목적보어

Unit I 영어 문장

영어와 우리말 문장의 비교

영어 문장은 우리말 문장과 순서만 조금 다를 뿐 명사와 동사 등의 단어들을 이용해서 만든다는 것은 똑같아요.

자, 그러면 영어 문장이 우리말 문장과 어떤 점에서 같고 어떤 점에서 다른지 한번 살펴볼까요?

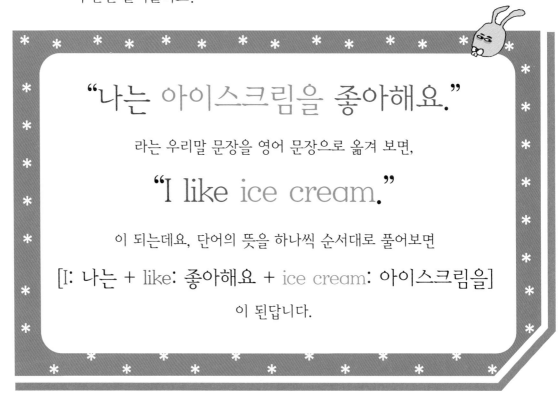

"나는 아이스크림을 좋아해요."

라는 우리말 문장을 영어 문장으로 옮겨 보면,

"I like ice cream."

이 되는데요, 단어의 뜻을 하나씩 순서대로 풀어보면

[I: 나는 + like: 좋아해요 + ice cream: 아이스크림을]

이 된답니다.

두 문장 모두 '나는(I)'을 제일 처음에 말했지만, 그 다음에 오는 '아이스크림을(ice cream)'과 '좋아해요(like)'의 순서는 달라요. 이렇게 우리말 문장과 영어 문장은 단어의 순서가 조금씩 다르답니다.

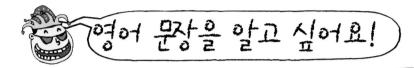

영어 문장을 알고 싶어요!

I'm sorry to be late.
늦어서 미안해.

Julie has long straight hair.
Julie는 긴 생머리를 가졌어.

You look pretty today.
오늘 예뻐 보인다.

Mom works in a hospital.
엄마는 병원에서 일하셔.

We love the singer's song.
우린 그 가수의 노래를 좋아해.

> 문장의 제일 첫 글자는 대문자로 시작해요.

영어 문장의 제일 첫 글자는 항상 대문자로 써야 하고, 끝날 때는 우리말처럼 마침표(.), 물음표(?), 느낌표(!) 중 하나를 써야 해요.

> 문장 끝에 마침표(.)를 찍었어요.

My friend doesn't like math.   내 친구는 수학을 좋아하지 않아.

Dad doesn't eat pizza.   아빠께서는 피자를 안 드세요.

My brother can play LoL.   우리 오빠는 리그 오브 레전드를 할 줄 알아.

> 문장 끝에 물음표(?)를 달았어요.

Do you know the boy's name?   저 소년의 이름을 아니?

> 문장 끝에 느낌표(!)를 달았어요.

What a beautiful flower!   얼마나 아름다운 꽃인가!

또 다른 방법으로 문장에 대해서 알아볼까요?

문장은 명사, 동사, 대명사 등의 단어가 모여서 만들어져요. 명사는 '아이스크림, 꽃, 고양이'와 같은 사물을 말하고 동사는 '좋아하다, 달리다'와 같이 움직임이나 상태를 말해요. 대명사는 '나는, 너는, 우리는'과 같은 것을 말하구요. 명사, 동사, 대명사와 같은 품사는 뒤에서 더 자세하게 배울 거예요.

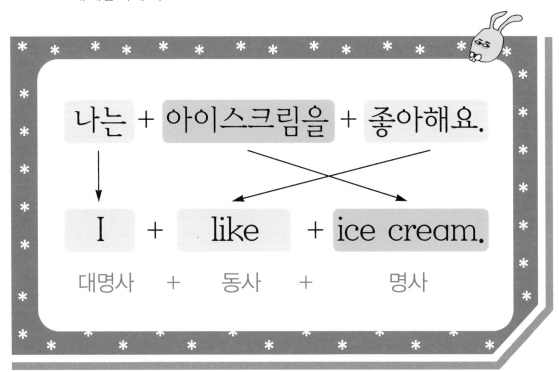

영어 문장은 '무엇이 어떠하다' 또는 '누가 무엇을 한다' 등과 같이 모든 뜻을 담고 있어야 문장이 될 수 있어요. 'I like'는 내가 무엇을 좋아하는지를 알 수 없으니 문장이 될 수 없겠죠? 그리고 'like ice cream' 역시 누가 아이스크림을 좋아하는지 알 수 없으니 문장이라고 할 수 없어요.

 불완전한 문장

I like  '무엇'이 빠졌어요.
나는 좋아한다.

'누가'가 빠졌어요.

like ice cream.
아이스크림을 좋아한다.

 완전한 문장

I like ice cream.   나는 아이스크림을 좋아해요.

The boys played soccer.   그 남자아이들은 축구를 했어.

Julie is doing her homework.   Julie는 숙제를 하고 있어.

Can you play the piano?   너 피아노 칠 줄 아니?

I didn't have breakfast.   난 아침 안 먹었어.

Do you like Sam?   너 Sam 좋아하니?

My friend has in-line skates.   제 친구는 인 라인 스케이트가 있어요.

We learn English in school.   우리는 학교에서 영어를 배워요.

I like comic books.   난 만화책을 좋아해.

17

문장 속 영단어의 역할과 이름

사람들도 하는 일에 따라 각자의 직업이 다 있듯이 영어 단어도 문장 안에서 하는 일에 따라 이름이 있어요.

역할에 따라 주어, 술어, 목적어, 보어라고 불려요.

주어는 [~는, ~은]이란 뜻을 갖고 문장에서 행동을 하는 주인과 같은 일을 해요.

술어는 [~이다, ~한다]의 뜻을 갖고 주어의 행동 또는 상태를 표현해 주는 일을 하죠.

목적어는 [~을, ~를, ~에게]란 뜻을 갖는 말입니다.

보어는 "그는 학생이다."할 때 '학생'을, "나는 아프다."할 때 '아픈'을 가리키는 말입니다.

목적어와 보어가 하는 일에 대해서는 앞으로 자세하게 배우도록 해요.

The girl wears a ring.
주어   술어   목적어

그 소녀는 반지를 끼고 있어.

Sam is handsome.
주어   술어   보어

Sam은 잘생겼어.

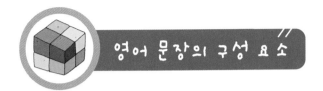

영어 문장의 구성 요소

주어

I
나는

술어

run
달린다

목적어

apple
사과를

보어

a student 학생

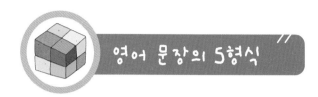

영어 문장의 5형식

1형식	I 나는 주어	run 달린다 숙어		
2형식	I 나는 주어	am 이다 숙어	a student 학생 보어	
3형식	I 나는 주어	like 좋아한다 숙어	ice cream 아이스크림을 목적어	
4형식	I 나는 주어	give 준다 숙어	you 너에게 간접목적어	this 이것을 직접목적어
5형식	He 그는 주어	made 만들었다. 숙어	me 나를 목적어	angry 화나게 목적보어

거의 모든 영어 문장에는 주어와 술어가 꼭 있고, 목적어 또는 보어가 있기도 해요. 이렇게 문장을 만들 때 필요한 주어, 술어, 목적어 그리고 보어를 우리는 문장의 구성 요소라고 해요.

여러 가지 역할을 하고 있는 명사

직업이 하나밖에 없는 단어도 있고 여러 가지 직업을 가지고 있는 단어들도 있답니다. 아무래도 여러 가지 직업을 가지고 있는 단어들은 문장 속에서 하는 일도 다양하겠죠?

"Julie likes ice cream." (Julie는 아이스크림을 좋아해요)의 영어 문장을 살펴 보면, 명사가 2개 있는 것을 알 수 있죠? 하지만, 이 두 명사는 서로 하는 일이 다르답니다. Julie라는 명사는 문장의 주어의 일을, ice cream 이라는 명사는 문장의 목적어 일을 하고 있어요.

잠깐, 여기서 끝이 아닙니다. "Julie is a student." (Julie는 학생입니다)에서 보면 역시 Julie란 명사가 주어의 일을 하고 있으면서 student란 명사가 보어의 일을 하고 있어요.

이렇듯 명사는 보어란 직업까지 무려 세 가지의 일(주어, 목적어, 보어)을 하는 참 바쁜 단어네요.

> 명사가 주어와 목적어의 일을 하고 있어요.

I like chocolate.
주어 술어 목적어

난 초콜릿을 좋아해.

Sam can speak English.
주어   술어   목적어

Sam은 영어를 할 수 있어.

Mom is reading a newspaper.
주어   술어   목적어

엄마께서는 신문을 읽고 계셔요.

I lost money.
주어 술어 목적어

나는 돈을 잃어버렸어.

Julie didn't eat lunch.
주어 술어 목적어

Julie는 점심을 안 먹었어.

You are perfect.
주어 술어 보어

넌 완벽해.

명사가 주어와 보어의
일을 하고 있어요.

I was tired.
주어 술어 보어

난 피곤했어.

This book is interesting.
주어 술어 보어

이 책은 재미있어.

It is Saturday today.
주어 술어 보어

오늘은 토요일이야.

She is a teacher.
주어 술어 보어

그 여자는 선생님이야.

자 이제부터 주어, 술어,
목적어 그리고 보어에 대한
좀 더 자세한 공부를 시작해
볼까요?

Part 1

주어

You look pretty.

우리말 문장의 주어

우리가 한 문장을 말할 때 어떻게 시작하나요?

"나는 아이스크림을 좋아해요."란 문장을 보면, '나는' 이란 단어로 문장을 시작했죠?

이렇게 문장을 시작하면서 그 문장에서 행동을 하는 단어(주체자)를 주어라고 해요.

그리고 주어는 [~는, ~은]이란 뜻을 나타내죠.

즉, 주어는 문장의 주인이나 마찬가지인 단어로서 문장을 시작하는 중요한 일을 한답니다.

우선, 우리말의 어떤 단어가 문장의 주어 역할을 하는지 살펴볼까요?

주어는?

우리는 초등학생입니다.   우리는

언니는 영어 공부를 하고 있어요.   언니는

오늘은 내 생일이야.   오늘은

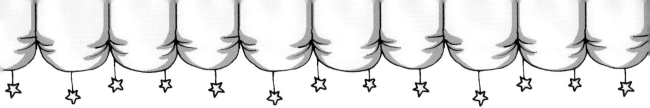

영어 문장의 주어

영어 문장의 주어도 우리말 문장의 주어와 똑같이 생각하면 돼요.
[~는, ~은]이란 뜻을 나타내고, 문장을 시작할 수 있도록 해주는 단어이죠.
영어 문장의 주어 역시 문장에서 행동을 하는 단어(주체자)입니다.

자, 그러면 어떤 영어 단어가 주어의 역할을 하는지 배워볼까요?

➡ 주어는?

We are elementary students.
우리는 초등학생입니다.

> We: 대명사

They are playing basketball.
그들은 농구를 하고 있어.

> They: 대명사

It is not my coat.
그것은 내 코트가 아니야.

> It: 대명사

My sister is studying English.
언니는 영어 공부를 하고 있어요.

> My sister: 명사

Today is my birthday.
오늘은 내 생일이야.

> Today: 명사

Mom is reading a newspaper.
엄마께서는 신문을 읽고 계세요.

> Mom: 명사

24

3 주어 역할을 하는 명사

'We' 는 대명사이고, 'My sister' 와 'Today' 는 명사이죠.
이와 같이, 우리가 앞에서 배운 여러 가지 단어들 중에서도 명사와 대명사가
바로 주어의 역할을 해요.

자, 그러면 얼마나 다양한 명사가 주어의 역할을 하고 있는지 그 예를 살펴
볼까요?

→ 주어는?

Julie is my best friend.
Julie는 나의 가장 좋은 친구야.

Julie: 명사

Julie and Sam were late for school.
Julie와 Sam은 학교에 지각을 했어.

Julie and Sam: 명사

Pizza is my favorite food.
피자는 내가 가장 좋아하는 음식이야.

Pizza: 명사

This comic book is very interesting.
이 만화책은 매우 재미있어.

This comic book: 명사

My room is smaller than your room.
내 방은 네 방보다 작아.

My room: 명사

Yesterday was very cold.
어제는 매우 추웠어.

Yesterday: 명사

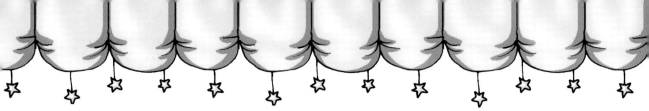

4 주어 역할을 하는 대명사

그런데 주의해야 할 것이 하나 있어요!

모든 명사는 주어 역할을 할 수 있지만, 모든 대명사가 주어 역할을 할 수 있는 것은 아니랍니다. 주어 역할을 할 수 있는 대명사는 다음과 같이 정해져 있어요.

대명사	뜻	대명사	뜻
I	나는	We	우리는
You	너는, 당신은	You	너희들은, 당신들은
He	그는	She	그녀는
They	그들은	It	그것은

➡ 주어는?

I don't like my nickname.
나는 내 별명이 맘에 안 들어.
I: 대명사

You are so beautiful.
넌 정말 예뻐.
You: 대명사

He has a new football.
그는 새 축구공을 갖고 있어.
He: 대명사

She has many friends.
그녀는 친구가 많아.
She: 대명사

We had a very good weekend.
우리는 매우 좋은 주말을 보냈어.
We: 대명사

You don't know each other.
너희들은 서로 모르는구나.
You: 대명사

연습문제

 1 다음 문장에서 주어를 찾아 써 보세요.

> **보기** Lina was sick. ➡ Lina

1) Today is my birthday.
   오늘은 내 생일이다.   ➡ _____

2) You are so beautiful.
   너는 정말 예쁘다.   ➡ _____

3) We are elementary students.
   우리는 초등학생입니다.   ➡ _____

4) My sister is studying English.
   우리 언니는 영어를 공부하고 있어요.   ➡ _____

2 다음 문장 중에서 대명사 주어가 아닌 것을 찾아 써 보세요.(   )

1) My room is smaller than your room.   내 방은 네 방보다 작다.

2) You are so beautiful.   너는 정말 예쁘다.

3) He has many friends.   그는 친구가 많다.

4) They are playing basketball.   그들은 농구를 하고 있다.

3 다음 빈 칸에 알맞은 대명사 주어를 쓰세요.

1) (   ) is not my coat.   그것은 나의 코트가 아니다.

2) (   ) has many friends.   그녀는 친구가 많다.

3) (   ) are good friends.   그들은 좋은 친구들이다.

정답 1. 1) Today   2) You   3) We   4) My sister
2. 1) My room : 명사 주어
3. 1) It   2) She   3) They

27

Part 2

술어

 영어 문장의 술어

바로 앞에서 하나의 문장은 '주어'로 시작해야 한다고 배웠죠? 자, 주어로 문장을 시작했으면 그 다음에는 어떤 단어로 문장을 이어가야 할까요?
"I like ice cream."(나는 아이스크림을 좋아해요.)

주어 'I' 다음에 나온 단어는 바로 'like'(좋아하다) 입니다. 이렇게 주어 다음에 와서 [~ 이다, ~한다]의 뜻을 갖는 단어를 우리는 '술어'라고 불러요. 즉, 술어는 문장 안에서 주어가 어떤 일을 하는지, 어떤 상태에 있는지를 말해 주는 단어랍니다.

They are my friends.
그들은 내 친구들이야.

→ 술어는?
are:술어

My puppy was very sick today.
내 강아지가 오늘 매우 아팠어.

was:술어

Julie is cleaning her room.
Julie는 자신의 방을 청소하고 있어.

is cleaning:술어

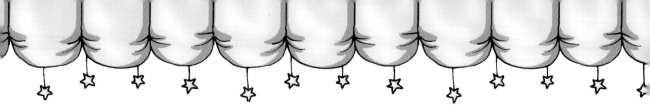

2 술어 역할을 하는 동사

그러면, 어떤 단어가 술어의 역할을 할까요?

like는 여러 가지 단어의 종류(품사) 중 '동사'에 해당하므로, 동사가 술어의 일을 하고 있다고 할 수 있어요. 따라서 동사를 술어로, 술어를 동사로 생각해도 똑같답니다.

My friend lives in America.
나의 친구는 미국에 살아요.

→ 술어는?
lives: 동사

She teaches English in school.
그녀는 학교에서 영어를 가르쳐요.

teaches: 동사

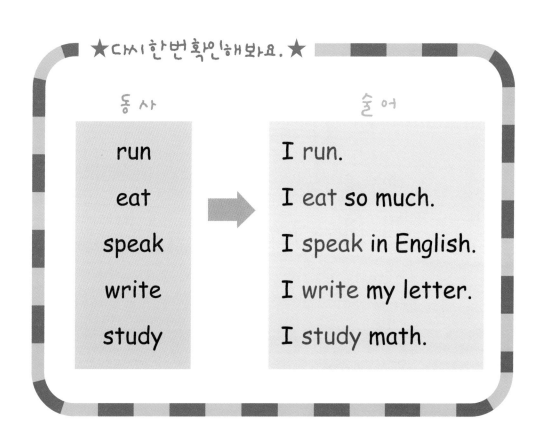

★다시한번확인해봐요.★

동 사	술 어
run	I run.
eat	I eat so much.
speak	I speak in English.
write	I write my letter.
study	I study math.

3 우리말 문장과 영어 문장의 다른 점

주어가 문장의 주인과 같은 일을 하는 것처럼, 술어도 영어 문장에서 아주 중요한 일을 하고 있어요. 만약 술어가 없다면, 주어가 어떤 일을 하는지 또는 어떤 상태에 있는지 알 수 없으니까요. 즉, 주어와 술어는 서로에게 없어서는 안 되는 꼭 필요한 존재랍니다.

자, 그런데 우리말 문장과 영어 문장의 다른 점이 무엇이라고 배웠죠?
앞에서 배웠던 문장을 다시 한번 살펴보면,

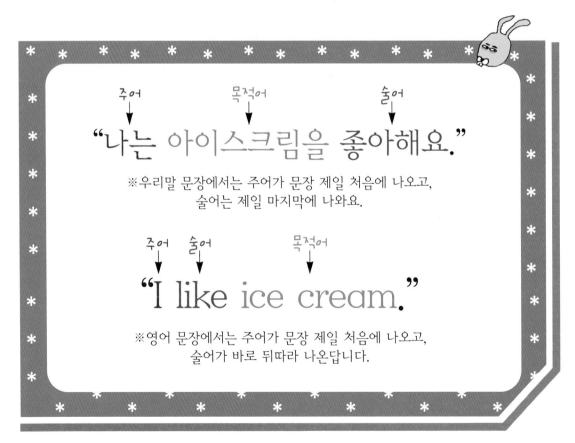

주어   목적어   술어

"나는 아이스크림을 좋아해요."

※우리말 문장에서는 주어가 문장 제일 처음에 나오고,
술어는 제일 마지막에 나와요.

주어 술어   목적어

"I like ice cream."

※영어 문장에서는 주어가 문장 제일 처음에 나오고,
술어가 바로 뒤따라 나온답니다.

30

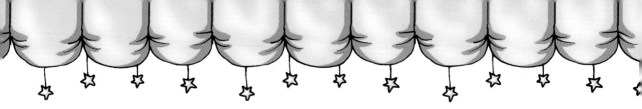

4 주어에 따라 달라지는 술어

여기서 우리가 주의해야 할 점이 있어요.

주어는 문장 안에서 주인과 같기 때문에 그 다음에 따라 오는 술어의 모양을 바꾸도록 명령할 수 있어요.

따라서, 앞에 먼저 나온 주어에 의해 술어는 그 모양이 달라지기도 해요.

> 주어에 따라 be동사의 모양이 달라져요.

I am hungry.
나는 배고파요.

I : 주어   am : 술어

He is my teacher.
그는 나의 선생님이야.

He : 주어   is : 술어

She is eleven years old.
그녀는 11살이야.

She : 주어   is : 술어

It is my cell phone.
그것은 나의 핸드폰이야.

It : 주어   is : 술어

You are so nice to me.
너는 나에게 아주 잘했어.

You : 주어   are : 술어

We are very tired.
우리는 너무 피곤해.

We : 주어   are : 술어

They are on the playground.
그들은 운동장에 있어.

They : 주어   are : 술어

주어에 따라 'sleep'의
모양이 달라요.

I sleep on the bed.

나는 침대에서 잠을 자.

I:주어   sleep:술어

You sleep on the bed.

너는 침대에서 잠을 자.

You:주어   sleep:술어

We sleep on the bed.

우리는 침대에서 잠을 자.

We:주어   sleep:술어

They sleep on the bed.

그들은 침대에서 잠을 자.

They:주어   sleep:술어

He sleeps on the bed.

그는 침대에서 잠을 자.

He :주어   sleeps:술어

She sleeps on the bed.

그녀는 침대에서 잠을 자.

She:주어   sleeps:술어

It sleeps on the bed.

그것은 침대에서 잠을 자.

It:주어   sleeps:술어

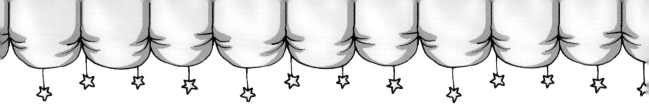

5 시간에 따라 달라지는 술어

그리고 술어는 나타내는 시간에 따라 모양이 바뀌기도 해요.

현재, 과거, 미래, 그리고 현재 진행 중인 일을 의미할 때의 모양이 모두 틀려요.

('시제'에서 좀더 자세히 배우게 될 거예요.)

지금의 동작이나 상태를 말해요.

She is a fashion model.

술어는? is:현재형

그녀는 패션 모델입니다.

이미 한 행동이나 일어난 일을 말해요.

She was a fashion model.

술어는? was:과거형

그녀는 패션 모델이었습니다.

미래에 할 예정이거나 계획된 것을 뜻해요.

She will be a fashion model.

술어는? will be:미래형

그녀는 패션 모델이 될 것입니다.

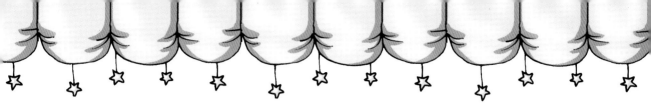

지금의 동작이나
상태를 말해요.

He works at a bank.
그는 은행에서 일을 합니다.

술어는? *works*:현재형

이미 한 행동이나
일어난 일을 말해요.

He worked at a bank.
그는 은행에서 일을 했습니다.

술어는? *worked*:과거형

미래에 할 예정이거나
계획된 것을 뜻해요.

He will work at a bank.
그는 은행에서 일을 할 것입니다.

술어는? *will work*:미래형

지금 현재 진행되고
있는 상태예요.

He is working at a bank.
그는 은행에서 일을 하고 있습니다.

술어는? *is working*:현재 진행형

연습문제

 다음 문장에서 술어가 무엇인지 찾아서 동그라미 쳐 보세요.

보기 My friend (lives) in America. 나의 친구는 미국에 산다.

1) They are my friends. 그들은 나의 친구들이다.

2) My puppy was in the room. 나의 강아지가 그 방에 있었다.

3) She teaches English in school. 그녀는 학교에서 영어를 가르친다.

4) He will work at a bank. 그는 은행에서 일할 것이다.

 주어에 맞는 술어를 빈칸에 써 보세요.

보기 I am hungry. 나는 배고프다.

1) He _____ my teacher. 그는 나의 선생님이다.

2) You _____ so nice to me. 너는 나에게 아주 잘한다.

3) We _____ very tired. 우리는 매우 피곤하다.

4) They _____ on the playground. 그들은 운동장에 있다.

3 다음 중 술어의 형태가 잘못된 것을 골라 써 보세요.(   )

1) I sleep on the bed. 나는 침대에서 잔다.

2) You sleep on the bed. 너는 침대에서 잔다.

3) He sleeps on the bed. 그는 침대에서 잔다.

4) She sleep on the bed. 그녀는 침대에서 잔다.

정답 1. 1) are   2) was   3) teaches   4) will work
2. 1) is   2) are   3) are   4) are
3. 4) sleep → sleeps

35

목적어

1

목적어란 무엇일까요?

지금까지 우리는 문장의 네 가지 구성 요소 중 '주어'와 '술어'에 대해서 배웠어요. 제일 먼저 주어로 문장을 시작하고, 그 다음에 바로 술어로 주어의 행동을 표현했죠. 하지만, 어떤 술어는 다른 구성 요소의 도움을 받아야지만 그 뜻이 완전해질 수 있어요.

예를 들어,

주어 → **I like** ← 술어

나는 좋아해요.

위의 문장처럼 주어와 술어만으로는 내가 무엇을 좋아하는지 알 수 없어요. 그래서 만들어질 수 있는 문장이,

술어

주어 → **I like ice cream.** ← 목적어

나는 아이스크림을 좋아해요.

여기서 ice cream이란 단어가 덧붙여졌기 때문에 내가 무엇을 좋아하는지 알 수 있고 문장이 완성될 수 있어요. 우리는 이러한 단어를 목적어라고 불러요.

2 목적어의 종류

목적어는 [~을, ~를, ~에게]란 뜻을 갖는 말입니다. 목적어는 주어와 술어
다음에 와서 부족한 점을 채워주는 일을 해요.

Sam wears glasses.

Sam은 안경을 씁니다.

> glasses:목적어

We learn English.

우리는 영어를 배웁니다.

> English:목적어

혹시 목적어에는 두 가지 종류가 있다는 얘기 들어본 적 있나요?
목적어는 직접목적어와 간접목적어라는 두 가지 종류로 나누어져요.
[~을, ~를]이란 뜻을 갖는 목적어를 직접목적어라고 부르며,
[~에게]란 뜻을 갖는 목적어를 간접목적어라고 부르죠.

Dad gave me a book.

아빠께서 저에게 책을 주셨어요.
　　　　간접목적어　직접목적어

> me: 간접목적어   a book: 직접목적어

He showed us a picture.

그가 우리에게 사진을 보여줬어.
　　　간접목적어　　직접목적어

> us: 간접목적어   a picture: 직접목적어

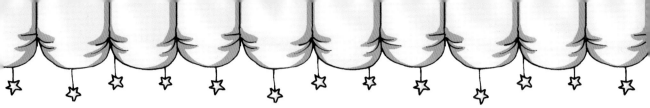

③ 목적어 역할을 하는 명사와 대명사

자, 그러면 영어의 어떤 단어가 목적어 역할을 하는지 배워 볼까요?

→ 목적어는?

I can play the violin.
나는 바이올린을 연주할 수 있어.

the violin: 명사

Sam is wearing a hat.
Sam은 모자를 쓰고 있어.

a hat: 명사

Julie met him **yesterday.**
Julie는 어제 그를 만났어.

him: 대명사

I saw them **in the classroom.**
나는 교실에서 그 애들을 봤어.

them: 대명사

My brother can read it.
내 동생은 그것을 읽을 수 있어.

it: 대명사

'the violin'과 'a hat'은 명사이고 'him'과 'them' 그리고 'it'은 대명사이죠?

이와 같이 여러 가지 단어들(품사) 중에서 명사와 대명사가 '목적어' 역할을 해요. 그러고 보니 명사와 대명사는 참 바쁘겠네요. 앞에서 '주어' 역할을 한다고 했는데 이번에는 또 '목적어' 역할도 해야 하니까요.

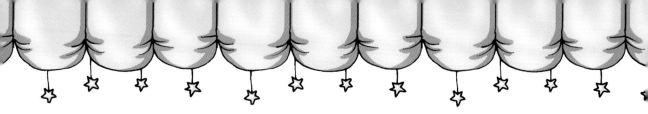

4 목적어 역할을 하는 대명사

그런데, 주어 역할을 하는 대명사가 정해져 있듯이 목적어 역할을 하는 대명사도 정해져 있다는 것에 주의해야 해요.

대명사	뜻	대명사	뜻
me	나를, 나에게	him	그를, 그에게
us	우리를, 우리에게	them	그들을, 그들에게
you	너를, 너에게	her	그녀를, 그녀에게
you	너희들을, 너희들에게	it	그것을, 그것에게

→ 목적어는?

Mom and dad love me.

엄마와 아빠께서는 저를 사랑하십니다.

me: 대명사

Sam likes you very much.

Sam은 너를 매우 많이 사랑해.

you: 대명사

I don't know him well.

나는 그를 잘 몰라.

him: 대명사

They live with her in Busan.

그들은 부산에서 그녀와 함께 살아.

her: 대명사

Dad didn't come with us.

아빠는 우리와 함께 오지 않으셨어.

us: 대명사

QUIZ!QUIZ!

 1 다음 문장에서 목적어가 무엇이지 찾아서 동그라미 쳐 보세요.

보기 I like (ice cream) 나는 아이스크림을 좋아한다.

1) Sam wears glasses.   샘은 안경을 쓴다.

2) We learn English.   우리는 영어를 배운다.

3) I can play the violin.   나는 바이올린을 연주할 수 있어.

4) Sam is wearing a hat.   샘은 모자를 쓰고 있어.

5) My brother can read it.   내 동생은 그것을 읽을 수 있어.

 2 다음 문장 중에서 간접목적어와 직접목적어를 찾아 써 보세요.

보기 I gave <u>him</u> <u>a ball</u>. 나는 그에게 공을 줬다.
                  간접목적어   직접목적어

1) Dad gave me a book.   아빠가 나에게 책을 주셨다.

     간접목적어 : _____   직접목적어 : _____

2) He showed us a picture.   그가 우리에게 사진을 보여 줬다.

     간접목적어 : _____   직접목적어 : _____

3) I sent her a Christmas card.   나는 그녀에게 크리스마스 카드를 보냈다.

     간접목적어 : _____   직접목적어 : _____

정답 1. 1) glasses   2) English   3) the violin   4) a hat   5) it
       2. 1) 간접목적어 : me 직접목적어 : a book
         2) 간접목적어 : us 직접목적어 : a picture
         3) 간접목적어 : her 직접목적어 : a Christmas card

Part 4

보어

1 보어란 무엇일까요?

자, 이제 문장의 구성 요소 중 하나만 더 배우면 네 개를 모두 배우는
거예요. 문장을 만드는 데 필요한 나머지 하나는 무엇일까요?
어떤 술어는 다른 구성 요소, 즉 목적어의 도움을 받아야지만 그 뜻이
완전해질 수 있다는 것을 배웠죠? 하지만, 어떤 술어는 목적어가 아닌
다른 구성 요소의 도움을 필요로 해요.

주어 → **She is** ← 술어

그녀는 …이다.

위의 문장 역시 주어와 술어만으로는
그녀가 어떠한지 알 수 없어요.
그래서 만들어질 수 있는 문장이,

술어

주어 → **She is beautiful.** ← 보어

그녀는 아름다워.

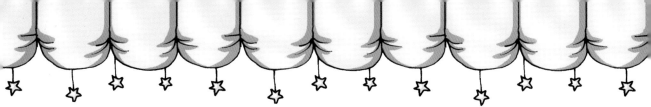

여기서 'beautiful'이란 단어가 덧붙여졌기 때문에 그녀가 어떠한지를 알 수 있게 되었어요. 우리는 이러한 단어를 '보어'라고 불러요.

술어를 도와서 주어가 누구 또는 무엇인지를 알려주기도 하고, 주어가 어떠한 상태에 있는지도 알려주는 일을 하지요. 보어는 주어와 술어 다음에 와서 부족한 점을 채워주는 일을 해요. 따라서 필요할 경우, 술어 다음에 와서 하나의 문장이 완성되도록 도와주는 일을 하는 구성 요소는 목적어와 보어 두 가지랍니다.

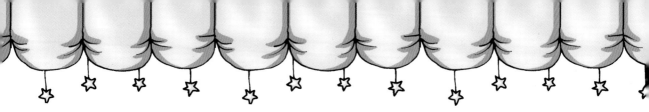

보어 역할을 하는 명사 · 대명사 · 형용사

자, 그러면 영어의 어떤 단어가 보어 일을 하는지 배워 볼까요?

Julie is a nurse.
Julie는 간호사입니다.

→ 보어는?

a nurse: 명사

The shoes are mine.
이 신발은 나의 것이야.

mine: 대명사

I'm hungry now.
나 지금 배고파.

hungry: 형용사

'a nurse'는 명사이고 'mine'은 대명사이며 'hungry'는 형용사이죠?
이와 같이 여러 가지 단어들(품사) 중에서 명사, 대명사 그리고 형용사가 '보어'의 일을 한답니다.

명사와 대명사는 '주어'와 '목적어'의 역할도 한다고 배웠던 것 기억하나요? 그런데 이번에는 또 '보어'의 역할까지 한다고 하네요. 이제 명사와 대명사가 영어 문장을 만들 때 얼마나 많이 쓰이는지 알겠죠?

명사와 대명사 말고도 형용사가 '보어'의 역할을 같이 하고 있어요.

Dad is angry at me.
아빠는 나한테 화가 나셨어.

→ 보어는?

angry: 형용사

They look happy.
그들은 행복해 보여.

happy: 형용사

③ 보어 역할을 하는 대명사

앞에서 배운 '주어'와 '목적어'와 마찬가지로 '보어' 역할을 하는 대명사가 따로 있답니다.

대명사	뜻	대명사	뜻
mine	나의 것	his	그의 것
ours	우리의 것	theirs	그들의 것
yours	너의 것	hers	그녀의 것
yours	너희들의 것		

→ 보어는?

This book is not mine.
이 책은 내 것이 아니야.

mine: 대명사

Sam has yours.
Sam이 네 것을 갖고 있어.

yours: 대명사

The bicycle is his.
그 자전거는 그의 것이야.

his: 대명사

The gloves are not hers.
그 장갑은 그녀의 것이 아니야.

hers: 대명사

This football is ours.
이 축구공은 우리 것이야.

ours: 대명사

The seats are not theirs.
이 자리는 그들의 것이 아니야.

theirs: 대명사

연습문제

 1 다음 문장에서 보어가 무엇인지 찾아서 동그라미 치세요.

보기 Lina is (a nurse.) 리나는 간호사이다.

1) She is a student.   그녀는 학생이다.

2) She is beautiful.   그녀는 아름답다.

3) Sam is an English teacher.   샘은 영어 선생님이다.

4) This book is not mine.   이 책은 내 것이 아니야.

5) The bicycle is ours.   그 자전거는 우리의 것이야.

 2 다음 한글 해석을 보고 빈칸에 알맞은 보어를 찾아 써 보세요.

보기 yours   his   tired   theirs   happy

1) The book is _____ .   그 책은 너의 것이다.

2) The bicycle is _____ .   그 자전거는 그의 것이다.

3) I was _____ today.   나는 오늘 피곤했다.

4) The seats are not _____ .   이 자리는 그들의 것이 아니야.

5) They look _____ .   그들은 행복해 보인다.

정답   1. 1) a student   2) beautiful   3) an English teacher   4) mine   5) ours
         2. 1) yours   2) his   3) tired   4) theirs   5) happy

Unit Ⅱ 문장의 형식

여러 가지 단어(품사)는 문장 안에서 문장을 구성하는 데 있어 다양한 역할을 해요. 몇몇 단어들은(품사) 영어 문장을 만들 때 꼭 필요한 문장의 구성 요소로 쓰이죠. 주어, 술어, 목적어 그리고 보어와 같은 중요한 역할을 하는 단어들을(품사) 정리해 보면,

· 주어: 명사, 대명사   · 술어: 동사

· 목적어: 명사, 대명사   · 보어: 명사, 대명사, 형용사

일정한 규칙을 갖는 문장의 구성요소

이제 이러한 문장의 구성 요소들이 문장 안에서 어떠한 규칙을 갖고 있는지 한번 살펴봐요.

· 주어 + 술어 [1형식]
· 주어 + 술어 + 보어 [2형식]
· 주어 + 술어 + 목적어 [3형식]
· 주어 + 술어 + 간접목적어 + 직접목적어 [4형식]
· 주어 + 술어 + 목적어 + 목적보어 [5형식]

1형식이에요!

The baby sleeps.   그 아기는 잠을 잔다.
[The baby: 주어 + sleeps: 술어]

46

2형식이에요!

The baby is an angel.
그 아기는 천사이다.
[The baby: 주어 + is: 술어 + an angel: 보어]

3형식이에요!

The baby is drinking milk.
그 아기는 우유를 마시고 있다.
[The baby: 주어 + is drinking: 술어 + milk: 목적어]

4형식이에요!

The baby gives me a smile.
그 아기는 나에게 미소를 짓는다.
[The baby: 주어 + gives: 술어 + me: 간접목적어 + a smile: 직접목적어]

5형식이에요!

The baby thinks me her mom.
그 아기는 나를 엄마라고 생각한다.
[The baby: 주어 + thinks: 술어 + me: 목적어 + her mom: 목적보어]

주어, 술어, 목적어 그리고 보어가 문장 안에서 질서를 잘 지키고 있는 것이 보이나요? 앞에서 이미 우리는 주어는 문장의 제일 처음에 오고, 그 다음에는 술어가 따라 온다고 배웠어요. 그리고 술어 다음에는 목적어 또는 보어가 오기도 한다고 배웠어요.

문장의 다섯 가지 형식

이와 같이, 문장의 구성 요소가 문장 안에서 쓰일 때 나타내는 규칙은 바로 '순서'입니다. 모든 문장이 똑같은 순서를 갖고 있는 것은 아니지만 문장은 다음과 같이 다섯 가지의 공통된 순서로 나눌 수 있어요.

1형식 : 주어 + 술어

The baby sleeps.

아기가 잠을 잔다.

2형식 : 주어 + 술어 + 보어

The baby is an angel.

아기는 천사이다.

3형식 : 주어 + 술어 + 목적어

The baby is drinking milk.

아기가 우유를 먹고 있다.

4형식 : 주어 + 술어 + 간접목적어 + 직접목적어

The baby gives me a smile.

아기는 내게 웃음을 준다.

5형식 : 주어 + 술어 + 목적어 + 목적보어

The baby thinks me her mom.

아기는 나를 엄마라고 생각한다.

You look pretty.

주어와 술어만으로 이루어진 첫 번째 문장의 형식

모든 문장은 주어와 술어가 꼭 필요해요. 그리고 주어와 술어만 있어도
문장이 될 수 있어요. 그리고 물론 순서는 [주어 + 술어]가 되겠죠.
이렇게 주어와 술어만 있는 문장을 첫 번째 문장의 형식이라고 해요.
첫 번째 문장의 형식은 목적어 또는 보어가 필요 없기 때문에 가장 쉽고 간
단한 문장의 형식이라고 할 수 있어요.

명사와 대명사가 주어 역할을 하며, 동사와 술어는 같은 말로 생각하면 돼요.
술어의 일을 하는 단어는 동사 단 하나밖에 없으니까요.

Mom came.
[Mom: 주어 + came: 술어]

엄마께서 오셨어요.

I cannot go.
[I: 주어 + cannot go: 술어]

나는 갈 수 없어.

I walk.
[I: 주어 + walk: 술어]

나는 걷는다.

We will move.
[We: 주어 + will move: 술어]

우리는 이사를 갈 거야.

They will arrive.
[They: 주어 + will arrive: 술어]

그들이 도착할 거야.

It is raining.

[It: 주어 + is raining: 술어]

비가 오고 있어.

It snowed.

[It: 주어 + snowed: 술어]

눈이 내렸다.

My teacher is talking.

[My teacher: 주어 + is talking: 술어]

선생님께서 말씀을 하고 계세요.

Julie sings.

[Julie: 주어 + sings: 술어]

Julie는 노래를 한다.

Dad works.

[Dad: 주어 + works: 술어]

아빠께서 일을 하신다.

My puppy sleeps.

[My puppy: 주어 + sleeps: 술어]

나의 강아지는 잠을 잔다.

Sam studies.

[Sam: 주어 + studies: 술어]

Sam은 공부를 한다.

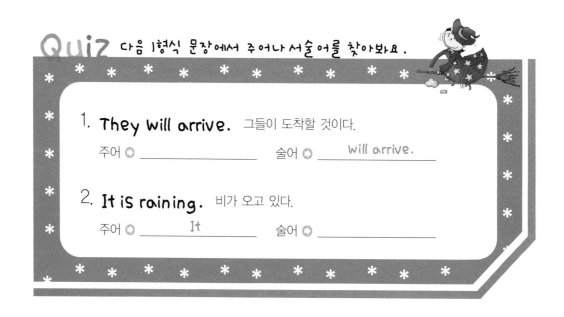

Quiz 다음 1형식 문장에서 주어나 서술어를 찾아봐요.

1. They will arrive. 그들이 도착할 것이다.

주어 ◯ _____   술어 ◯ ___will arrive.___

2. It is raining. 비가 오고 있다.

주어 ◯ _____It_____   술어 ◯ _____

 ## 확장된 첫 번째 문장의 형식

주어와 술어 다음에 '부사' 또는 '전치사+(대)명사'가 더해질 때도 있어요.

물론, 주어와 술어만으로도 문장이 될 수 있지만, 그 뒤에 '부사' 또는 '전치사+(대)명사'가 더해질 경우 좀 더 다양한 의미의 문장을 만들 수 있어요.

그리고 이러한 문장 역시 첫 번째 문장의 형식이라고 할 수 있어요.

주어와 술어 다음에 전치사와 (대)명사가 더해진 문장들

I cannot go with you. 　나는 너와 같이 갈 수 없어.

[I: 주어 + cannot go: 술어 + with: 전치사 + you: 대명사]

I walk with him. 　나는 그와 함께 걷는다.

[I: 주어 + walk: 술어 + with: 전치사 + him: 대명사]

Dad works in a bank. 　아빠께서는 은행에서 일을 하신다.

[Dad: 주어 + works: 술어 + in: 전치사 + a bank: 명사]

My puppy sleeps on the sofa. 　나의 강아지는 소파 위에서 잠을 잔다.

[My puppy: 주어 + sleeps: 술어 + on: 전치사 + the sofa: 명사]

tip

전치사는 관계를 나타내 주는 말이에요. 특히 시간이나 장소를 말할 때 쓰인답니다.
전치사로는 **in**(~안에), **on**(~위에), **over**(~위에), **under**(~밑에), **in front of**(~앞에), **behind**(~뒤에) 등이 있어요.

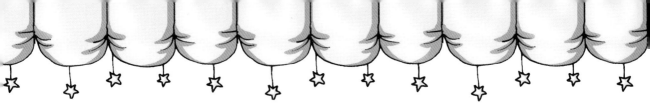

 주어와 술어 다음에 부사가 더해진 문장들

We will move tomorrow.
우리는 내일 이사를 갈 거야.

[We: 주어 + will move: 술어 + tomorrow: 부사]

Mom came early.
엄마께서 일찍 오셨어요.

[Mom: 주어 + came: 술어 + early: 부사]

They will arrive soon.
그들이 곧 도착할 거야.

[They: 주어 + will arrive: 술어 + soon: 부사]

It is raining now.
지금 비가 오고 있어.

[It: 주어 + is raining: 술어 + now: 부사]

It snowed much.
눈이 많이 내렸다.

[It: 주어 + snowed: 술어 + much: 부사]

My teacher is talking fast.
선생님께서는 말씀을 빨리 하고 계세요.

[My teacher: 주어 + is talking: 술어 + fast: 부사]

Sam studies hard.
Sam은 열심히 공부를 한다.

[Sam: 주어 + studies: 술어 + hard: 부사]

Julie sings well.
Julie는 노래를 잘해.

[Julie: 주어 + sings: 술어 + well: 부사]

tip

부사는 동사를 자세하게 꾸며 주는 역할을 해요.
부사로는 **early**(일찍), **soon**(곧), **now**(지금), **well**(잘) 등이 있어요.

QUIZ! QUIZ!

연습문제

 다음은 1형식 문장이에요. 문장에서 주어와 술어를 찾아봐요.

보기 **They will arrive.** 그들이 도착할 것이다.
주어 : They   술어 : will arrive

1) Mom came.   엄마가 오셨다.
   주어 : _____   술어 : _____

2) I walk with him.   나는 그와 함께 걷는다.
   주어 : _____   술어 : _____

3) Sam studies hard.   Sam은 열심히 공부를 한다.
   주어 : _____   술어 : _____

4) Julie sings well.   Julie는 노래를 잘해.
   주어 : _____   술어 : _____

 다음을 읽고 괄호 안에 알맞은 말을 써 보세요.

모든 문장은 주어와 술어가 꼭 필요해요. 주어와 술어만 있어
도 문장이 될 수 있답니다. 이렇게 주어와 술어만 있는 문장을
(1)   )이라고 해요. (2)   ) 문장은
목적어 또는 보어가 필요없기 때문에 가장 쉽고 간단한 형태
라고 할 수 있어요.

정답 1. 1) 주어 : Mom 술어: came   2) 주어 : I   술어: walk
     3) 주어 : Sam 술어: studies 4) 주어 : Julie 술어:sings
   2. 1) 1형식 문장 2) 1형식

You look pretty.

두 번째 문장 형식의 의미

첫 번째 문장의 형식은 주어와 술어만 있는 문장이지만, 주어와 술어만으로는.
문장을 완성시킬 수 없는 경우가 있었죠?
그때 우리가 배운 문장의 구성 요소가 '목적어'와 '보어'였어요.
그 중에서 '보어'의 도움을 필요로 해서 [주어 + 술어 + 보어]의 순서를 갖는.
문장을 우리는 두 번째 문장의 형식이라고 해요.

보어란 무엇일까요?

잠깐 보어에 대해서 다시 한번 알아볼까요? 보어는 술어를 도와서 주어가 누구 또는
무엇인지를 알려주기도 하고, 주어가 어떠한 상태에 있는지도 알려주는 역할을 하지
요. 따라서, 보어는 술어 다음에 와서 하나의 문장이 완성되도록 도와주는 일을 해요.

마찬가지로, 주어 역할은 명사와 대명사가 하고 동사는 술어와 같아요. 그리고 보
어로는 명사, 대명사 또는 형용사가 쓰여요. 즉, 술어가 보어를 필요로 할 경
우, 술어 다음에 그때마다 알맞은 명사, 대명사 또는 형용사를 쓰면 돼요.

보어를 필요로 하는 동사로는 주로 be동사, become, get, turn, look, feel,
smell, sound, taste 등이 있어요.

자, 그러면 두 번째 문장의 형식의 예를 한번 살펴볼까요?

보어에 명사 또는 대명사가 오는 경우

I am a student.
나는 학생입니다.

[I: 주어 + am: 술어 + a student: 보어(명사)]

Julie is my sister.
Julie는 내 동생이야.

[Julie: 주어 + is: 술어 + my sister: 보어(명사)]

Sam became a doctor.
Sam은 의사가 되었어.

[Sam: 주어 + became: 술어 + a doctor: 보어(명사)]

They are my friends.
그들은 내 친구들이야.

[They: 주어 + are: 술어 + my friends: 보어(명사)]

That seat is yours.
저 자리는 네 것이야.

[That seat: 주어 + is: 술어 + yours: 보어(대명사)]

The books are mine.
그 책들은 내 것이야.

[The books: 주어 + are: 술어 + mine: 보어(대명사)]

보어에 형용사가 오는 경우

This pizza is delicious.
이 피자는 맛있어.

[This pizza: 주어 + is: 술어 + delicious: 보어(형용사)]

The books are interesting.
그 책들은 재미있어.

[The books: 주어 + are: 술어 + interesting: 보어(형용사)]

That car is expensive.
저 차는 비싸.

[That car: 주어 + is: 술어 + expensive: 보어(형용사)]

It is getting cold.   추워지고 있다.

[It: 주어 + is getting: 술어 + cold: 보어(형용사)]

His face turned red.   그의 얼굴이 붉어졌어.

[His face: 주어 + turned: 술어 + red: 보어(형용사)]

She looks clever.   그녀는 영리해 보여.

[She: 주어 + looks: 술어 + clever: 보어(형용사)]

I feel good.   나는 기분이 좋아.

[I: 주어 + feel: 술어 + good: 보어(형용사)]

The flower smells good.   꽃에서 좋은 향기가 나.

[The flower: 주어 + smells: 술어 + good: 보어(형용사)]

That sounds great.   그거 좋겠다.

[That: 주어 + sounds: 술어 + great: 보어(형용사)]

The cake tastes sweet.   케이크에서 단맛이 나.

[The cake: 주어 + tastes: 술어 + sweet: 보어(형용사)]

연습문제

QUIZ! QUIZ!

 다음을 읽고 괄호 안에 알맞은 말을 써 보세요.

> 1형식 문장은 주어와 술어만 있는 문장이지만, 주어와 술어만
> 으로는 문장을 완성시킬 수 없는 경우가 있어요. 이럴 경우에
> 우리가 배운 문장의 구성 요소가 '목적어'와 '보어'였어요. 그중
> 에서 '보어'의 도움을 필요로 해서 [주어+술어+보어]의 순서를
> 갖는 문장은 (1   )문장이에요.

 다음은 2형식이에요. 보어를 찾아 동그라미 치세요.

보기   I am (a student). 나는 학생이다.

1) This pizza is delicious.   이 피자는 맛있다.
2) That car is expensive.   저 차는 비싸다.
3) That sounds great.   그거 좋겠다.
4) The cake tastes sweet.   케이크에서 단맛이 나.

 다음 문장에 알맞은 보어를 써보세요.

1) She became _____ .   그녀는 의사가 되었어요.
2) The flower smells _____ .   그 꽃은 향기가 좋아요.

정답 1. 1) 2형식
2. 1) delicious   2) expensive   3) great   4) sweet
3. 1) a doctor   2) good

You look pretty.

 목적어를 필요로 하는 세 번째 문장의 형식

주어와 술어만으로는 문장을 만들 수 없을 때 필요한 문장의 구성 요소가 '목적어'와 '보어'라고 했죠?

두 번째 문장의 형식이 [주어 + 술어 + 보어]의 순서로 된 문장이라면, 세 번째 문장의 형식은 [주어 + 술어 + 목적어]의 순서로 된 문장이에요. 이번에는 '보어'가 아닌 '목적어'의 도움이 있어야만 문장이 만들어지는 경우죠.

목적어란 무엇일까요? ● ● ● ● ● ● ● ● ● ● ● ●

잠깐 목적어에 대해서 다시 한번 알아볼까요?

목적어는 〈~을, ~를, ~에게〉의 뜻을 갖는 말로 주어와 술어의 부족한 점을 채워 주는 일을 해요.

목적어 역시 보어와 마찬가지로 술어 다음에 와서 하나의 문장이 완성되도록 도와주는 일을 하고 있죠.

이번에도 역시, 주어 역할은 명사와 대명사가 하고 동사는 술어와 같아요. 그리고 목적어로는 명사 또는 대명사가 쓰여요. 목적어를 필요로 하는 술어는 매우 많아요. love, like, need, remember, have, read 등등이 있어요.

자, 그러면 세 번째 문장의 형식의 예를 한번 살펴볼까요?

세 번째 문장의 형식의 예

My cat loves fish.   나의 고양이는 생선을 좋아해.

[My cat: 주어 + loves: 술어 + fish: 목적어(명사)]

I need an egg.   나는 계란이 하나 필요해.

[I: 주어 + need: 술어 + an egg: 목적어(명사)]

He is wearing a hat.   그는 모자를 쓰고 있어.

[He: 주어 + is wearing: 술어 + a hat: 목적어(명사)]

Julie likes animals.   Julie는 동물들을 좋아해.

[Julie: 주어 + likes: 술어 + animals: 목적어(명사)]

Sam doesn't like it.   Sam은 그것을 좋아하지 않아.

[Sam: 주어 + doesn't like: 술어 + it: 목적어(대명사)]

I did my homework.   난 숙제를 했어.

[I: 주어 + did: 술어 + my homework: 목적어(명사)]

They remember my birthday.   그들은 내 생일을 기억하고 있어.

[They: 주어 + remember: 술어 + my birthday: 목적어(명사)]

We have a daughter.   우리는 딸이 한 명 있어요.

[We: 주어 + have: 술어 + a daughter: 목적어(명사)]

He wears glasses.   그는 안경을 껴.

[He: 주어 + wears: 술어 + glasses: 목적어(명사)]

My sister likes shopping.   우리 언니는 쇼핑을 좋아해.

[My sister: 주어 + likes: 술어 + shopping: 목적어(명사)]

They have a daughter. 그들은 딸이 한 명 있어.

[They: 주어 + have: 술어 + a daughter: 목적어(명사)]

The man reads a newspaper. 그 남자는 신문을 읽어.

[The man: 주어 + reads: 술어 + a newspaper: 목적어(명사)]

 tip

목적어가 궁금해요!

목적어는 [~을, ~를, ~에게]란 뜻을 갖는 말이에요.
목적어는 주어와 술어 다음에 와서 문장의 내용상 부족한 점을 채워 주는 일을 해요.
목적어에는 '직접목적어'와 '간접목적어'라는 두 가지 종류로 나누어져요.
[~을, ~를]이란 뜻을 갖는 목적어를 직접목적어라고 부르고, [~에게]란 뜻을 갖는 목적
어를 간접목적어라고 부른답니다.

연습문제

 다음을 읽고 괄호 안에 알맞은 말을 써 보세요.

> 주어와 술어만으로 문장을 만들 수 없을 때 필요한 것이 '목적어'와 '보어'라고 배웠어요. 두 번째 형식의 문장이 [주어+술어+보어]의 순서로 된 것이라면, 세 번째 문장의 형식은 [주어+술어 + 목적어]의 순서로 된 거예요. 이렇게 '목적어'의 도움으로 완전한 문장이 되는 형식을 ( )문장이라고 해요.

 다음은 3형식 문장이에요. 목적어를 찾아 동그라미 치세요.

보기 My cat likes (fish) 나의 고양이는 생선을 좋아한다.

1) He is wearing a hat.   그는 모자를 쓰고 있다.

2) They remember my birthday.   그들은 내 생일을 기억하고 있다.

3) I need an egg.   나는 계란이 하나 필요해.

4) Sam doesn't like it.   샘은 그것을 좋아하지 않아.

5) I like shopping.   나는 쇼핑을 좋아해.

6) I did my homework.   나는 숙제를 했다.

7) He wears glasses.   그는 안경을 껴.

8) Julie likes animals.   Julie는 동물들을 좋아해.

정답 1. 3형식
2. 1) a hat   2) my birthday   3) an egg   4) it   5) shopping
6) my homework   7) glasses   8) animals

네 번째 문장의 형식

주어+술어+간접목적어+직접목적어

You look pretty.

두 개의 목적어를 필요로 하는 네 번째 문장의 형식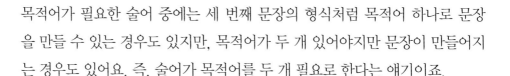

목적어가 필요한 술어 중에는 세 번째 문장의 형식처럼 목적어 하나로 문장을 만들 수 있는 경우도 있지만, 목적어가 두 개 있어야지만 문장이 만들어지는 경우도 있어요. 즉, 술어가 목적어를 두 개 필요로 한다는 얘기이죠.

두 개의 목적어가 쓰여서 [주어 + 술어 + 간접목적어 + 직접목적어]의 순서로 이루어진 문장을 네 번째 문장의 형식이라고 해요.
두 종류의 목적어가 오기 때문에 네 번째 문장 형식의 경우 특히 그 순서가 중요하겠죠? 잠깐 두 종류의 목적어에 대해서 다시 한번 살펴볼까요?

 목적어의 종류

우리는 이미 앞에서 목적어에는 두 가지 종류가 있다고 배웠어요.
〈~을, ~를〉의 뜻을 갖는 직접목적어와 〈~에게〉의 뜻을 갖는 간접목적어가 있었죠.

Quiz 영어 문장에서 간접목적어를 찾아 동그라미 치세요.

1. I gave Lina a book.
   나는 리나에게 책을 한 권 줬다.

2. I can tell you his name.
   내가 너에게 그의 이름을 말해 줄 수 있다.

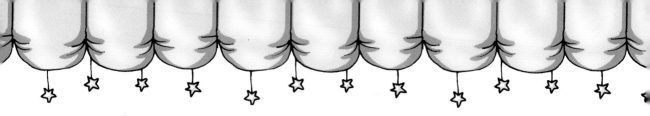

2 네 번째 문장이 이루어지는 원리

두 개의 목적어가 있어야 하는데 한 개밖에 없을 경우 문장은,

He gave me ~   그가 나에게 줬어 ~
[He: 주어 + gave: 술어 + me: 간접목적어]

가 나에게 주긴 주었는데 무엇을 주었는지 알 수 없겠죠? 따라서 〈~을, ~를〉의 뜻을 갖는 직접목적어가 덧붙여져야 해요.
그래서 만들어질 수 있는 문장이,

직접목적어 추가

He gave me a ring.   그가 나에게 반지를 줬어.
[He: 주어 + gave: 술어 + me: 간접목적어 + a ring: 직접목적어]

Quiz 영어 문장에서 직접목적어를 찾아 동그라미 치세요.

1. I can tell you his name.
   내가 너에게 그의 이름을 말해 줄 수 있다.

2. He showed me his homework.
   그는 나에게 숙제를 보여 줬다.

3. I gave Lina a book.
   나는 리나에게 책을 한 권 줬다.

4. She sent them Christmas cards.
   그녀는 그들에게 크리스마스 카드를 보냈다.

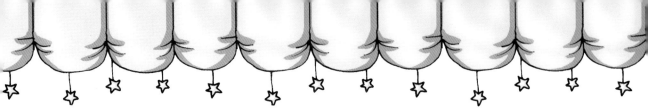

 ## 3 목적어로 쓰이는 명사와 대명사

앞에서와 마찬가지로 주어 역할은 명사와 대명사가 하고 동사는 술어와 같아요. 그리고 간접목적어와 직접목적어로는 모두 명사 또는 대명사가 쓰여요.

 ### 명사가 간접목적어인 경우

I bought Sam a hamburger.
내가 Sam에게 햄버거를 사줬어.

[I: 주어 + bought: 술어 + Sam: 간접목적어 + a hamburger: 직접목적어]

I gave Julie a book.
나는 Julie에게 책을 줬어.

[I: 주어 + gave: 술어 + Julie: 간접목적어 + a book: 직접목적어]

 ### 대명사가 간접목적어인 경우

Mom teaches us English.
엄마께서는 우리에게 영어를 가르쳐 주셔.

[Mom: 주어 + teaches: 술어 + us: 간접목적어 + English: 직접목적어]

I can tell you his name.
내가 너에게 그의 이름을 말해줄 수 있어.

[I: 주어 + can tell: 술어 + you: 간접목적어 + his name: 직접목적어]

He showed me his homework.
그는 나에게 숙제를 보여줬어.

[He: 주어 + showed: 술어 + me: 간접목적어 + his homework: 직접목적어]

She sent them Christmas cards.
그녀는 그들에게 크리스마스 카드를 보냈어.

[She: 주어 + sent: 술어 + them: 간접목적어 + Christmas cards: 직접목적어]

연습문제

 다음을 읽고 괄호 안에 알맞은 말을 써 보세요.

목적어가 필요한 술어 중에는 3형식 문장처럼 목적어 하나로 문장을 만들 수 있는 경우도 있지만, 목적어가 두 개 있어야지만 문장이 만들어지는 경우도 있어요. 두 개의 목적어가 쓰여서 [주어 + 술어 + 간접목적어 + 직접목적어]의 순서로 이루어진 문장을 4형식 문장이라고 해요. [~을 , ~를]의 뜻을 갖는 목적어를 (1)   )라 하고, [~에게]의 뜻을 갖는 목적어를 (2)   )라고 해요.

 다음은 4형식 문장이에요. 간접목적어를 찾아 동그라미 치세요.

보기   Mom teaches (us) English. 엄마는 우리에게 영어를 가르쳐 주신다.

1) He showed me his homework.   그는 나에게 숙제를 보여줬어.
2) They sent them Christmas cards.   그녀는 그들에게 크리스마스 카드를 보냈어.

3 다음은 4형식 문장이에요. 직접목적어를 찾아 동그라미 치세요.

보기   I gave Julie (a book) 나는 Julie에게 책을 주었다.

1) I can tell you his name.   내가 너에게 그의 이름을 말해 줄 수 있다.
2) I gave her a book.   나는 그녀에게 책을 한 권 주었다.

정답 1. 1) 직접목적어   2) 간접목적어
       2. 1) me   2) them
       3. 1) his name 2) a book

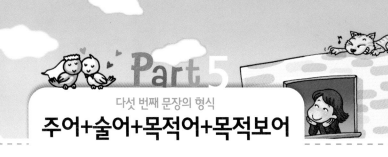

다섯 번째 문장의 형식

주어+술어+목적어+목적보어

You look pretty.

목적보어를 가지는 다섯 번째 문장의 형식

다섯 가지 문장의 형식 중 이제 단 하나만 남았네요.

자, 여기서는 우리가 새로 배워야 할 것이 있어요. 지금까지 우리는 문장의
구성 요소로 주어, 술어, 목적어 그리고 보어가 있다고 배웠죠?

목적보어가 무엇일까요? ● ● ● ● ● ● ● ● ● ●

그런데 보어는 보어인데 목적보어라는 것이 있어요.

우리가 지금까지 보어는 주어가 누구인지를 알려주거나 주어가 어떤 상태에 있는지
알려준다고 배웠어요.

그런데 목적어가 누구인지 알려주거나 목적어가 어떤 상태에 있는지를 알려주는 보
어도 있는데, 우리는 이러한 보어를 목적보어라고 불러요.

예를 들어,

> 보어 'angry'는 주어 'she'의
> 상태를 나타내 주고 있어요.

She is angry.   그녀는 화가 나 있다.

[She: 주어 + is: 술어 + angry: 보어]

위 문장에서, 보어 'angry'는 주어 'She'의 상태를 알려주고 있어요.

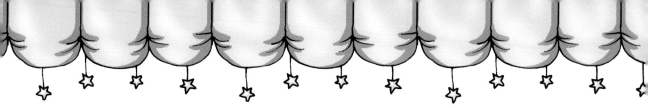

반면에,

> 목적보어 'angry'는 목적어 'me'의 상태를 나타내 주고 있어요.

She made me angry.
[She: 주어 + made: 술어 + me: 목적어 + angry: 목적보어]

그녀가 나를 화나게 했어.

이번 문장에서, 보어 'angry'는 주어 'She'가 아니라 목적어 'me'의 상태를 알려주고 있어요.

다시 말해, 그녀가 화가 난 것이 아니라 내가 화가 나 있는 거지요. 그렇기 때문에 여기서 보어는 목적어가 어떤 상태에 있는지를 알려주는 '목적보어'가 되는 거예요.

이렇게 해서 만들어지는 문장을 우리는 다섯 번째 문장의 형식이라고 하고, [주어 + 술어 + 목적어 + 목적보어]의 순서로 이루어져요.

---

tip

목적보어가 궁금해요!

목적어   목적보어

We call him Superman.

우리는 그를 슈퍼맨이라고 부른다.

이 문장에서 슈퍼맨은 우리가 아니라 그예요. 따라서 Superman은 목적어인 him의 상태를 나타내므로 목적보어가 돼요.

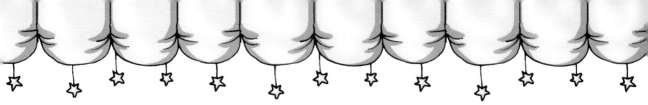

2 목적보어 역할을 하는 명사 · 대명사 · 형용사

이번에도 역시, 주어 역할은 명사 또는 대명사가 하고 동사는 술어와 같아요.
그리고 목적어로는 명사 또는 대명사가 쓰여요.
목적보어도 보어이기 때문에 역시 명사, 대명사, 그리고 형용사가 그 역할을 해요.

자, 그러면 다섯 번째 문장의 형식의 예를 한번 살펴볼까요?

목적보어가 형용사인 문장의 예

My friend made me happy.　　　　내 친구가 나를 기쁘게 했어.
[My friend: 주어 + made: 술어 + me: 목적어 + happy: 목적보어]

My friend made me angry.　　　　내 친구가 나를 화나게 했어.
[My friend: 주어 + made: 술어 + me: 목적어 + angry: 목적보어]

He made me angry.　　　　그가 나를 화나게 했어.
[He: 주어 + made: 술어 + me: 목적어 + angry: 목적보어]

He made me jealous.　　　　그가 나를 질투나게 했어.
[He: 주어 + made: 술어 + me: 목적어 + jealous: 목적보어]

Tests make me nervous.　　　　시험은 나를 초조하게 해.
[Tests: 주어 + make: 술어 + me: 목적어 + nervous: 목적보어]

He made his girlfriend happy.　　그는 자신의 여자친구를 행복하게 했어.
[He: 주어 + made: 술어 + his girlfriend: 목적어 + happy: 목적보어]

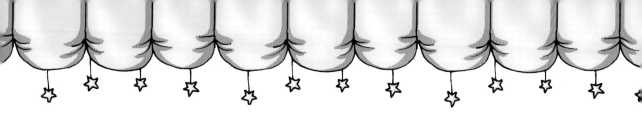

목적보어가 명사인 문장의 예

We call him Superman.
우리는 그를 슈퍼맨이라고 불러.

[We: 주어 + call: 술어 + him: 목적어 + Superman: 목적보어]

We call our father dad.
우리는 우리 아버지를 아빠라 불러.

[We: 주어 + call: 술어 + our father: 목적어 + dad: 목적보어]

목적보어가 현재분사인 문장의 예

I saw him playing football.
나는 그가 축구하는 것을 봤어.

[I: 주어 + saw: 술어 + him: 목적어 + playing football: 목적보어]

I saw her stealing the money.
나는 그녀가 그 돈을 훔치는 것을 봤어.

[I: 주어 + saw: 술어 + her: 목적어 + stealing the money: 목적보어]

I saw him talking.
나는 그가 얘기하는 것을 봤어.

[I: 주어 + saw: 술어 + him: 목적어 + talking: 목적보어]

목적보어가 to부정사인 문장의 예

I want you to help me.
나는 네가 날 도와주길 바래.

[I: 주어 + want: 술어 + you: 목적어 + to help me: 목적보어]

I want you to be quiet.
나는 네가 조용히 해주길 바래.

[I: 주어 + want: 술어 + you: 목적어 + to be quiet: 목적보어]

I want her to make me coffee.
나는 그녀가 나에게 커피를 만들어 주길 바래.

[I: 주어 + want: 술어 + her: 목적어 + to make me coffee: 목적보어]

69

QUIZ! QUIZ!

연습문제

1 다음을 읽고 괄호 안에 알맞은 말을 써 보세요.

> 목적어가 누구인지 알려 주거나 목적어가 어떤 상태에 있는지를
> 알려 주는 보어도 있는데, 우리는 이러한 보어를 (1)
> 라고 불러요. 다섯 번째 문장 형식은 이러한 목적보어가 필요
> 하답니다. 문장이 [주어+술어+목적어+목적보어]의 순서로 된
> 것을 (2))문장이라고 해요.

2 다음은 5형식 문장이에요. 목적보어를 찾아 동그라미 치세요.

> **보기** He made me (mad) 그는 나를 화나게 했다.

1) She made me jealous.   그녀는 나를 질투나게 했다.

2) Tests make me nervous.   시험은 나를 초조하게 한다.

3) We call him Superman.   우리는 그를 슈퍼맨이라고 부른다.

4) I saw her stealing the money.   나는 그녀가 그 돈을 훔치는 것을 봤어.

5) I want her to make me coffee.   나는 그녀가 나에게 커피를 만들어 주길 바래.

정답 1. 1) 목적보어   2) 5형식
2. 1) jealous   2) nervous   3) Superman
   4) stealing the money   5) to make me coffee

70

Section II
품사를 알아보아요

Unit I 품사

Unit II 품사의 종류

1. 명사
2. 대명사
3. 관사
4. 동사
5. 조동사
6. 형용사
7. 부사
8. 접속사
9. 전치사
10. 감탄사

Unit I 품사

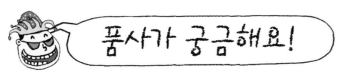

품사가 궁금해요!

품사란 뭘까요?

여러분, '품사'에 대해 자주 들어 보았죠? 하지만 품사가 무엇을 뜻하는 것
인지 정확히 이해하기는 좀 어려웠을 거예요. 품사는 단어의 종류를 말해
요. 단어가 가지고 있는 특징을 기준으로 해서 분류해 놓은 거랍니다. 우리 책
에서는 10개의 품사로 영어 단어를 나누어 놓았어요. 좀 어려운 말들이 많이
나온다고 걱정할 필요는 없어요. 하나씩 차근차근 배워 나가면 어려운 말도 이
해하게 되고, 각 품사들의 특징과 쓰임에 대해서도 알게될 거예요.

조동사
can

형용사
pretty

부사
always

접속사
and

전치사
under

감탄사
Oh! Wow!

Unit Ⅱ 품사

 품사의 종류를 알고 싶어요!

(1) 명사는 이름이에요!

세상에 있는 모든 사람, 물건, 나라와 지역, 강이나 바다, 산 등은 다 이름을 가지고 있죠? 그 이름이 바로 '명사'랍니다. 친구의 이름 Kitty, 내가 읽고 있는 것의 이름 book, 또 내가 살고 있는 나라의 이름 Korea 같은 것 말이에요.

우리는 명사!

tree
bird
sun
butterfly
dog
flower

✏️ **Words**

tree(나무) | bird(새) | sun(해) | dog(개) | flower(꽃) | butterfly(나비)

(2) 대명사는 명사 대신 쓰는 말이에요!

대명사는 명사를 대신 부를 때 쓰는 말이에요. 친구들이랑 얘기할 때 그 애, 그 사람, 저것, 이것 등등 많이 쓰잖아요. 그럴 때 쓰는 말들이 바로 대명사랍니다. 그런데 영어의 대명사는 좀 다양해요. 문장 안에서 어떤 역할을 하느냐에 따라 모양이 달라지거든요. 이것은 차차 배워 나가도록 해요.

우리는 대명사!

Words

I(나) | We(우리) | He(그) | She(그녀) | You(너) | This(이것) | That(저것)

(3) 관사는 명사 앞에 붙이는 말이에요!

관사는 명사 앞에 붙이는 단어예요. 관사로는 부정관사 a/an과 정관사 the가 있는데, 어떤 때에 무슨 관사를 쓰는지는 뒤에서 자세히 배우기로 해요.

우리는 관사!

a bird(한마리의 새) ｜ the fence(그 담장)

(4) 동사는 움직임, 상태 등을 나타내는 말이에요!

동사는 움직임이나 상태를 나타내는 말이에요. 문장 안에서 제일 중요한 말이랍니다. 동사는 크게 be동사랑 일반동사로 나뉘는데, 둘 사이에 차이점이 있으니 차차 배워 나가도록 해요. be동사는 주어에 따라 모양이 바뀌니까 그 형태를 주의해서 잘 알아두어야 해요.

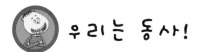

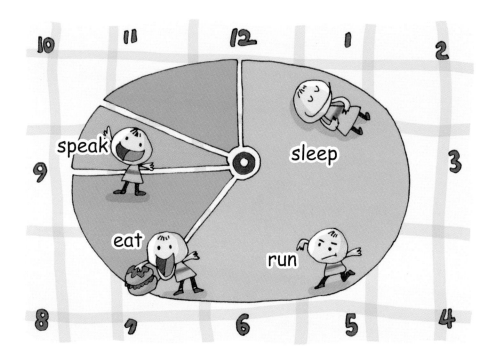

Words

speak(말하다) ｜ sleep(잠자다) ｜ run(달리다) ｜ eat(먹다)

(5) 조동사는 동사를 돕는 말이에요!

조동사는 말 그대로 동사를 도와주는 단어예요. 여러분 "I can do it!"이라는 말 자주 들어봤죠? 이 문장에 쓰인 can이 바로 조동사예요. '~할 수 있다'라는 뜻을 가지죠. can 이외에도 동사에 뜻을 더할 수 있는 다양한 조동사들이 있으니 기대하세요.

우리는 조동사!

I will win the race.

I can't fly.

Words

will(~할 것이다) ǀ can(~할 수 있다)

(6) 형용사는 명사를 꾸며 주거나 느낌, 상태를 표현하는 말이에요!

형용사는 명사를 꾸며 주거나, 그 명사의 느낌이나 상태를 자세히 설명해 주는 말이에요. 따라서 형용사를 많이 알고 있으면 여러 가지 상황을 영어로 재미있게 구사할 수 있어 좋아요.

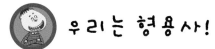

우리는 형용사!

✏️ **Words**

pretty(예쁜) | happy(행복한) | angry(화난) | sad(슬픈) | ugly(우울한)

(7) 부사는 형용사나 동사를 도와주는 말이에요.

부사는 형용사나 동사를 도와주는 말이랍니다. 가끔 부사만으로도 어떤 뜻을 표현할 수 있어요. 형용사와 모양도 비슷하고, 다른 단어를 꾸며 준다는 점에서 문장 내에서 하는 일도 비슷하니까 형용사와 잘 비교해서 알아 두어야 혼동되지 않아요.

우리는 부사!

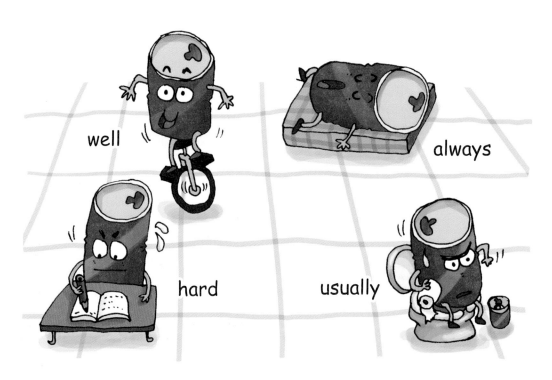

well

always

hard

usually

 Words

well(잘) ｜ always(항상) ｜ hard(어려운) ｜ usually(보통)

(8) 접속사는 단어나 문장을 이어주는 말이에요.

접속사는 단어나 문장을 이어주는 역할을 해요. 접속사도 굉장히 다양하답니다. 단순히 단어나 문장을 이어 주는 역할만 하는 게 아니라 나름대로 다양한 뜻을 가지고 있어요. 어떤 접속사가 어떤 뜻으로 문장에서 쓰이는지 잘 알아 두어요.

우리는 접속사!

and(그리고) ｜ or(또는)

 ## (9) 전치사는 명사나 대명사 앞에 붙어서 관계를 나타내 주는 말이에요.

　명사나 대명사 앞에 붙어서 관계를 나타내 주는 말이 바로 전치사랍니다.

　전치사는 모양도 변하지 않고, 다른 단어에 비해서 길이도 짧은 편이에요. 그렇지만 그리 만만하지만은 안답니다. 경우에 따라서 여러 가지 뜻으로 쓸 수 있기 때문에 잘 알아 두어야 해요.

우리는 전치사!

in(안에) ｜ over(~위에) ｜ on(위에) ｜ under(아래에)

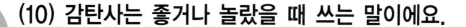

(10) 감탄사는 좋거나 놀랐을 때 쓰는 말이에요.

감탄사는 말 그대로 감탄할 때 내는 소리예요. 여러분은 어떨 때 감탄사를 사용하게 되나요? 너무 놀라거나, 기쁘거나, 무섭거나, 슬프거나, 아플 때 자신도 모르게 어떤 소리를 내게 되지요? 이런 것이 모두 감탄사예요.

우리는 감탄사!

Words

Oh, no!(무서울 때) | Oops!(놀랐을 때) | Oh, yes!(기쁠 때) | Oh, God!(슬플 때)
Wow!(좋을 때)

Part 1
명사

명사란 사람 · 장소 · 사물 · 생각의 이름이에요.

친구의 이름은 Kelly, 공부를 하는 장소의 이름은 school(학교), 내가 앉아 있는 물건의 이름은 chair(의자) 같은 것들이 명사예요. 또 눈에는 보이지 않지만 우리가 생각할 수 있는 이름도 명사에 포함된답니다. love(사랑), peace(평화)와 같은 단어들 많이 들어 보았지요?

 사람의 이름을 가리키는 것은 명사예요.

사람을 가리키는 이름 중 여러분이 알고 있는 것은 몇 개나 있나요?

Sally, John, Alex, teacher, girl, mother, brother, friend…
샐리 존 알렉스 선생님 소녀 엄마 남동생 친구…

 장소의 이름을 가리키는 것도 명사예요.

그러면 장소를 나타내는 이름은요?

house, garden, zoo, park, bathroom, store, pool, hospital…
집 정원 동물원 공원 목욕탕 가게 수영장 병원…

84

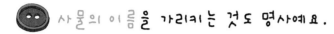 사물의 이름을 가리키는 것도 명사예요.

주위에 있는 많은 사물의 이름을 영어로 모두 알고 있나요?

desk, pencil, book, bag, computer, telephone, calendar…
책상   연필   책   가방 컴퓨터   전화기   달력…

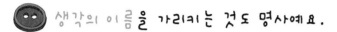 생각의 이름을 가리키는 것도 명사예요.

눈에 보이지는 않지만 생각으로만 알고 있는 이름들도 여러 가지 있습니다.

happiness, friendship, freedom, sorrow, power, life…
행복   우정   자유   슬픔   힘   삶…

2 명사에는 셀 수 있는 명사와 셀 수 없는 명사가 있어요.

"나는 신발을 세 켤레 가지고 있어."라고 말할 수 있죠? 그런데 여러분 잘 생각해 보세요. "나는 설탕을 세 개 가지고 있어."라고 말하나요? 안 되겠죠. 신발은 우리가 한 켤레, 두 켤레 셀 수 있지만, 설탕은 알갱이가 너무 작아서 한 알갱이, 두 알갱이 셀 수가 없답니다. 그래서 영어에서는 신발처럼 셀 수 있는 명사와, 설탕처럼 셀 수 없는 명사 두 가지로 나뉜답니다.

85

셀 수 있는 명사의 종류

우리 주위에서 셀 수 있는 명사는 어떤 것들이 있죠?

room, television, bicycle, eraser, notebook, girl…
방 　텔레비전 　자전거 　지우개 　공책 　소녀

셀 수 없는 명사의 종류

셀 수 없는 명사는 세 가지 이유에서 셀 수 없게 되었답니다.
설탕처럼 알갱이가 너무 작아서 세기 어려운 것

water, sand, hair, coffee, milk, snow, rain…
물 　모래 머리카락 커피 　우유 　눈 　비…

자를수록 그 개수가 계속 늘어나서 몇 개라고 말하기가 어려운 것

bread, butter, gold, soap, food…
빵 　버터 　금 　비누 　음식…

눈에 보이지 않아서 셀 수 없는 것

beauty, English, science, news, idea…
아름다움 영어 　과학 　뉴스 　생각…

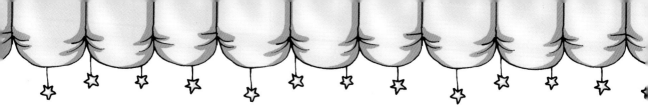

③ 여러 개 있는 명사 뒤에는 -s를 붙여요.

셀 수 있는 명사가 여러 개 있으면 명사 뒤에다 -s를 붙여요. 우리말에서도 '어린이'가 여러 명이면 '어린이들'이라고 말하잖아요. 이 때 '들'이 영어에서 '-s'라고 생각하면 쉬워요. 그런데 우리말과 달리 영어는 좀 특이해서 항상 -s만 붙이는 게 아니에요. 명사가 어떤 글자로 끝나느냐에 따라서 그냥 -s를 붙이기도 하고, -es를 붙이기도 한답니다.

-s를 붙이는 명사

여러 개 있을 때 뒤에다 -s를 붙이는 명사

cups, mirrors, keys, windows, radios, pianos…
컵들   거울들   열쇠들 창문들   라디오들 피아노들…

-es를 붙이는 명사

여러 개 있을 때 뒤에 다 -es를 붙이는 명사

buses, boxes, benches, dishes, churches, potatoes…
버스들   박스들   의자들   접시들   교회들   감자들…

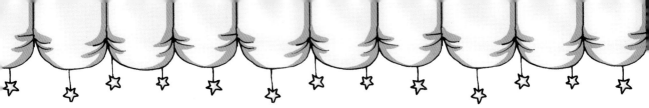

-f나 -fe를 -ve로 바꾸고 -s를 붙이는 명사

좀 복잡한 경우는요, -f나 -fe로 끝이 나는 명사로 -ve로 바꾼 다음에 -s를 쓴답니다.

> leaf → leaves, wife → wives…
> 잎 → 잎들　　　　아내 → 아내들…

단수 · 복수의 형태가 완전히 다른 명사

여러 개를 나타낼 때 아예 모양이 변하는 명사들도 있어요.
불규칙 명사라고 부른답니다.

> foot → feet, tooth → teeth, mouse → mice…
> 발 → 발들　　　치아 → 치아들　　쥐 → 쥐들…

단수 · 복수의 형태가 같은 명사

여러 개를 나타낼 때 모양이 변하지 않고 그대로 있는 명사들도 있어요.

> sheep → sheep, deer → deer, fish → fish…
> 양 → 양들　　　　사슴 → 사슴들　　물고기 → 물고기들…

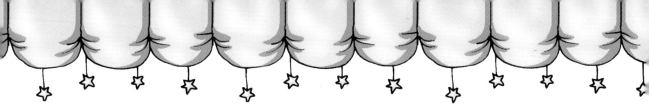

 세상에 하나밖에 없는 명사는 첫 글자를 대문자로 써요.

내 친구 이름이 Kelly예요. 그런데 세상에 Kelly와 우연히 이름이 같은 사람은 많을 수 있겠지만, 내가 좋아하는, 나랑 제일 친한 친구인 Kelly는 단 한 명뿐이겠지요? 이렇게 명사들 중에서 세상에 단 하나만 있는 명사들은 첫 글자를 대문자로 써요. 사람 이름이나 나라 이름, 도시 이름, 책 제목, 영화 제목 등은 모두 대문자로 시작하겠지요? 이렇게 세상에 단 하나만 존재해서 대문자로 쓰는 명사를 고유명사라고 해요.

 사람 이름을 나타내는 고유명사

Kevin, Jason, Andrew, Cindy, Frank, Jennifer…
케빈   제이슨   앤드류   신디   프랭크   제니퍼…

 나라, 도시 이름을 나타내는 고유명사

Korea, France, Japan, Canada, Tokyo, London, Beijing…
한국   프랑스   일본   캐나다   도쿄   런던   베이징…

 책이나 영화 제목을 나타내는 고유명사

Snow White, Shrek, Oliver Twist, Finding Nemo…
백설공주   슈렉   올리버 트위스트   니모를 찾아서…

89

5 'Kelly의~'라고 말하고 싶을 때는 's를 붙여요.

앞에서 명사에 대해서 여러 가지를 배웠어요. 그런데 이제는 문장 안에서 명사를 쓸 때 필요한 방법을 한 가지 배우겠어요. 만약, Kelly의 머리카락을 가리키면서 'Kelly의 머리카락'이라고 말하고 싶을 때는 어떻게 하나요? 'Kelly hair?' 좀 어색하죠? 우리말의 '~의'라는 말이 영어에서 빠졌잖아요. 이렇게 '누가 가지고 있는'이라는 뜻을 나타내는 '누구의'라는 말을 만들어 봐요.

 '(어포스트로피)s를 붙이는 경우

'누구의'라고 말하고 싶은 '누구' 뒤에 '(어포스트로피)s를 붙이면 됩니다.

the dog's eyes	그 개의 눈
my brother's room	내 형의 방
Jenny's shoes	Jenny의 신발
Susan's glasses	Susan의 안경

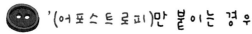 '(어포스트로피)만 붙이는 경우

그런데 마지막이 -s로 끝나는 명사 뒤에는 그냥 '(어포스트로피)만 붙여요.

The boys' toys	그 소년들의 장난감
The girls' dolls	그 소녀들의 인형
The monkeys' apples	그 원숭이들의 사과

90

연습문제

1 다음 명사들을 사람, 장소, 사물, 생각으로 나누어 보세요.

Seoul, Helen, door, museum, restaurant, uncle, life,
banana, farm, table, station, sister, love

1) 사람 : _____

2) 장소 : _____

3) 사물 : _____

4) 생각 : _____

2 다음 명사들을 셀 수 있는 명사와 셀 수 없는 명사로 나누어 보세요.

doctor, tea, juice, violin, advice, fork, meat
boy, cat, silver

1) 셀 수 있는 명사 : _____

2) 셀 수 없는 명사 : _____

3 다음 명사들 중 첫 글자를 대문자로 써야 하는 것을 고르세요.

salt, picasso, knife, australia, seoul, picture
shoes, lion king, julie

_____

정답 1. 1) 사람 : Helen, uncle, sister　　2) 장소 : Seoul, restaurant, farm, station, museum
　　　　3) 사물 : door, banana, table　　4) 생각 : life, love
2. 1) 셀 수 있는 명사 : doctor, violin, fork, boy, cat
　　2) 셀 수 없는 명사 : tea, juice, advice, meat, silver
3. Picasso, Australia, Seoul, Lion King, Julie

보기와 같이 다음 단어들이 여러 개 있을 때의 모양(복수형)을 써보세요.

보기 cup ➡ cups

1) cat(고양이) ➡ _____ (고양이들)

2) bench(긴 의자) ➡ _____ (긴 의자들)

3) wife(부인) ➡ _____ (부인들)

4) tooth(이빨) ➡ _____ (이빨들)

5) deer(사슴) ➡ _____ (사슴들)

5 다음 명사에 '(어퍼스트로피)s, 혹은 (어퍼스트로피)'를 붙여서 우리말과 같도록 만드세요.

1) Jane necklace   Jane의 목걸이

➡ _____

2) The students textbooks   그 학생들의 교과서

➡ _____

정답 4. 1) cat → cats   2) bench → benches
        3) wife → wives   4) tooth → teeth
        5) deer → deer
      5. 1) Jane's necklace   2) The students' textbooks

You look pretty.

대명사

대명사란 무엇일까요?

대명사는 명사를 대신하는 말입니다. 사물이든, 사람이든 이름이 있지만, 항상 이름을 부르지는 않잖아요. 나, 너, 그 사람, 그것, 저것 등으로 이름 대신에 부르는 말이 있지요. 자, 그럼 사람을 가리키는 대명사를 먼저 배워볼까요?

 사람을 가리키는 대명사가 따로 있어요.

인칭대명사는 말 그대로 사람을 가리키는 대명사예요. 그런데 문장 안에서 주어로 쓰이는 대명사와 목적어로 쓰이는 대명사가 틀리답니다. 우리말에서는 '나는'과 '나를', 그리고 '우리는'과 '우리를'처럼 뒤에 붙은 조사만 바꾸어 주면 되잖아요. 그런데 영어에서는 그 말들의 모양새가 모두 달라요. 그래서 아래에 있는 표를 외워둬야 헷갈리지 않고 쓸 수 있어요.어려운 말로 주어로 쓰이는 대명사를 주격 대명사, 목적어로 쓰이는 대명사를 목적격 대명사라고 합니다.

✳ 인칭대명사

주격 대명사	I (나는)	you (너는)	he (그는)	she (그녀는)	we (우리는)	they (그들은)
목적격 대명사	me (나를)	you (너를)	him (그를)	her (그녀를)	us (우리를)	them (그들을)

인칭대명사 I(주격)와 me(목적격)

I like skiing very much.

나는 스키 타는 것을 매우 좋아한다.

My uncle took me to the park.

내 삼촌은 나를 공원에 데려갔다.

인칭대명사 you(주격)와 you(목적격)

You called Billy yesterday.

너는 어제 빌리에게 전화했다.

Mom loves you so much.

엄마는 너를 아주 많이 사랑하신다.

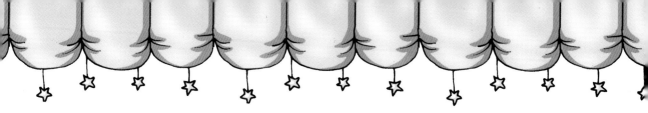

인칭대명사 he(주격)와 him(목적격)

He is my science teacher. 그는 나의 과학 선생님이다.

The lady saw him this afternoon. 그 숙녀는 오늘 오후에 그를 봤다.

인칭대명사 she(주격)와 her(목적격)

She is smart and pretty. 그녀는 똑똑하고 예쁘다.

The man knows her well. 그 남자는 그녀를 잘 알고 있다.

인칭대명사 we(주격)와 us(목적격)

We are 10 years old. 우리는 열 살이다.

The teacher forgave us. 선생님은 우리를 용서해 주셨다.

We   Us

인칭대명사 they(주격)와 them(목적격)

They went back home. 그들은 집에 돌아갔다.

Lily invited them to her party. 릴리는 그녀의 파티에 그들을 초대했다.

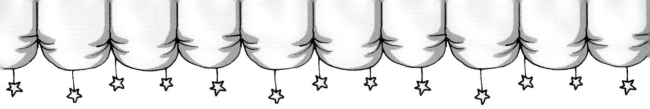

2 소유를 나타내는 대명사도 있어요.

이번에는 '누구의', 혹은 '누구의 것'이라는 말을 배워봅시다. 이 말을 배우면 어떤 물건이 내 것인지, 너의 것인지 말할 수가 있어요. 엄마가 방 청소를 하다가 물어보십니다. "이 지우개 누구거니?" 그럴 때 뭐라고 대답하지요? "내 지우개요." 아니면 "내 거야."라고 하죠? 영어의 이런 단어들은 우리말과는 달리 뒤에 붙은 조사만 바뀌는 것이 아니라, 모양이 다른 단어를 외워야 해요. 다음 표를 보고 외워 봅시다.

＊ 소유대명사

소유격 대명사	my (나의)	your (너의)	his (그의)	her (그녀의)	our (우리의)	their (그들의)
소유 대명사	mine (나의 것)	yours (너의 것)	his (그의 것)	hers (그녀의 것)	ours (우리의 것)	theirs (그들의 것)

 소유대명사 my(소유격)와 mine(소유)

It is my money.   그것은 <u>나의</u> 돈이다.

The slippers are mine.   그 슬리퍼는 <u>나의 것</u>이다.

 소유대명사 your(소유격)와 yours(소유)

That is your skirt.   저것은 <u>너의</u> 스커트다.

The red cap is yours.   저 빨간 모자는 <u>너의 것</u>이다.

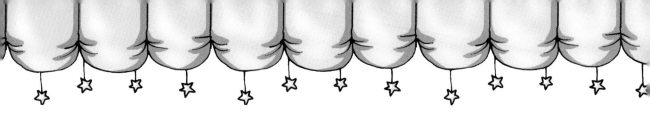

● 소유대명사 his(소유격)와 his(소유)

This is his mp3 player.　　　　이건 <u>그의</u> mp3다.

The CD is his.　　　　그 CD는 <u>그의 것</u>이야.

● 소유대명사 her(소유격)와 hers(소유)

Those are her earrings.　　　　저것들은 <u>그녀의</u> 귀걸이다.

The cellphone is hers.　　　　그 휴대폰은 <u>그녀의 것</u>이다.

● 소유대명사 our(소유격)과 ours(소유)

These are our T-shirts.　　　　이것들은 <u>우리의</u> 티셔츠다.

The clock is ours.　　　　그 시계는 <u>우리의 것</u>이다.

● 소유대명사 their(소유격)과 theirs(소유)

Those are their shoes.　　　　저것들은 <u>그들의</u> 신발이다.

The bicycles are theirs.　　　　그 자전거는 <u>그들의 것</u>이다.

3 사물을 가리키는 대명사도 있어요.

지금까지는 사람을 가리키는 대명사에 대해서 배워보았지요. 그런데 책상, 창문, 컴퓨터 이러한 것들은 사람이 아니잖아요. 그러면 이러한 사물들을 대신할 수 있는 말은 무엇이 있을까요?

※ 지시대명사

단수	복수
this (이것)	these (이것들)
that (저것)	those (저것들)
it (그것)	they (그것들)

That (저것)　　Those (저것들)

This (이것)　　These (이것들)

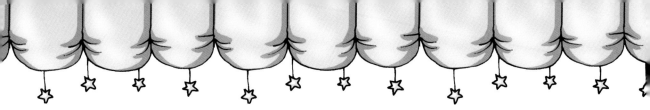

* this와 that, it의 차이점

this는 가까이 있는 사물을 가리키고, that은 멀리 있는 사물을 가리켜요.
그리고 it은 앞에서 한번 말한 것을 다시 말할 때 쓴답니다.

🔘 지시대명사 this(단수)와 these(복수)

This is my diary.   이것은 나의 일기장이다.

These are my boots.   이것들은 나의 부츠다.

🔘 지시대명사 that(단수)와 those(복수)

That is Mandy's sweater.   저것은 맨디의 스웨터다.

Those are chopsticks.   저것들은 젓가락이다.

🔘 지시대명사 it(단수)와 they(복수)

It is her book.   그것은 그녀의 책이다.

They are forks and knives.   그것들은 포크와 나이프다.

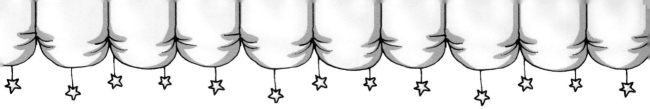

4 질문을 할 때 필요한 대명사도 있어요.

질문을 할 때 제일 중요한 말 있잖아요. '누구(who)', '무엇(what)', '어느 것(which)' 말이에요. 이런 말들을 모른다면 꼭 질문을 해야 할 때 아무 말도 못하겠죠?

질문을 자유롭게 할 수 있도록 도와주는 의문대명사에 대해 공부해 봐요.

 의문대명사 who

'누구냐'는 뜻을 가진 말은 Who예요.

Who is that little girl?	저 작은 소녀는 <u>누구</u>야?
Who made the soup?	그 스프를 만든 건 <u>누구</u>야?
Who drew this picture?	이 그림을 그린 건 <u>누구</u>야?
Who is your new partner?	너의 새 짝꿍이 <u>누구</u>야?

의문사대명사 What

'무엇이냐'는 뜻을 가진 건 What이예요.

What **is your name?**	너의 이름이 <u>뭐</u>니?
What **is your job?**	너의 직업이 <u>뭐</u>니?
What **do you like for dessert?**	넌 디저트로 <u>무엇을</u> 좋아하니?
What **do you do on weekends?**	넌 주말에 <u>무엇을</u> 하니?

 ### 의문사대명사 Which

'어느 것이냐'고 물을 때는 Which를 써요.

Which **is yours?**	너의 것은 <u>어느 것</u>이니?
Which **are your gloves?**	너의 장갑은 <u>어느 것</u>이니?
Which **do you like better?**	네가 더 좋아하는 것은 <u>어느 것</u>이니?
Which **did he choose?**	그가 골랐던 것은 <u>어느 것</u>이니?

1 괄호 안에 알맞은 인칭대명사를 쓰세요.

1) My mom is a good cook. → (   ) made spaghetti yesterday.
   나의 어머니는 요리를 잘 하신다.   그녀는 어제 스파게티를 만들었다.

2) My dad gets up early in the morning. → (   ) is very diligent.
   나의 아버지는 아침에 일찍 일어나신다.   그는 매우 부지런하다.

3) Where is my brother? → Did you see (   )?
   나의 오빠가 어디에 있니?   너는 그를 보았니?

4) Mrs. Brown lives next to my house.→ My family likes (   ).
   브라운 여사는 내 집 옆에 산다.   나의 가족은 그녀를 좋아한다.

5) Billy and I go to school together. → (   ) are good friends.
   빌리와 나는 같이 학교에 간다.   우리는 좋은 친구다.

6) I have two dogs. → I bought (   ) last year.
   나는 강아지 두마리가 있다.   나는 지난해에 그들을 샀다.

2 빈 칸에 알맞은 소유격 대명사나 소유대명사를 쓰세요.

> 보기 **My mom**   나의 엄마

1) It is _____ money.   그것은 나의 돈이다.

2) Those are _____ shoes.   저것들은 그들의 신발이다.

3) The slipper is _____ .   그 슬리퍼는 나의 것이다.

4) The clock is _____ .   그 시계는 우리의 것이다.

> 정답   1. 1) She   2) He   3) him   4) her   5) We   6) them
> 2. 1) my   2) their   3) mine   4) ours

102

다음 해석을 보고 빈칸에 알맞은 지시대명사를 쓰세요.

보기 <u>This</u> is a dog. 이것은 개다.

1) _____ is my diary. 이것은 나의 일기장이다.

2) _____ are chopsticks. 저것들은 젓가락이다.

3) _____ are my boots. 이것들은 내 부츠다.

4) _____ is Mandy's sweater. 저것은 Mandy의 스웨터다.

 다음 해석을 보고 빈칸에 알맞은 의문대명사를 쓰세요.

보기 <u>Who</u> is that little girl. 저 작은 소녀는 누구야?

1) _____ drew this picture? 이 그림을 그린건 누구야?

2) _____ is yours? 너의 것은 어느 것이니?

3) _____ made the soup? 그 스프를 만든 건 누구야?

4) _____ is your name? 너의 이름은 무엇이니?

정답 3. 1) This   2) Those   3) These   4) That
4. 1) Who   2) Which   3) Who   4) What

관사

여러 가지 관사들

명사 앞에는 보통 a/an이나 the를 써요. a/an은 one(하나)을 뜻하고, 꼭 정해져 있지 않은 하나를 나타낼 때 써요. the는 앞에서 한번 이야기했거나, 말을 할 때 눈에 보이는 사물을 가리키면서 써요. an은 모음으로 시작하는 명사 앞에 오고, the는 모음으로 시작하는 명사가 오면 [더]가 아니라 [디]라고 발음해요.

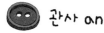 관사 a

a는 아직 정해져 있지 않은 하나의 명사 앞에 써요.

a frog,	a flower,	a candle,	a sweater…
한 마리의 개구리	한 송이의 꽃	한 개의 양초	한 벌의 스웨터…

관사 an

그런데 명사가 /a/, /e/, /i/, /o/, /u/라는 소리로 시작할 때는 a 대신에 an을 써요.

an apple, an egg,   an evil, an orange, an umbrella…
하나의 사과   하나의 계란   하나의 악   하나의 오렌지   하나의 우산…

관사 the

the는 이미 정해져 있는 사물을 가리킬 때 써요.

the socks, the shampoo the cap   the pants…
그 양말   그 샴푸   그 모자   그 바지…

모음 앞의 관사 the

주의 중요한 것은 the는 a처럼 an으로 모양이 바뀌지는 않지만, /a/, /e/, /i/, /o/, /u/라는 소리로 시작하는 명사 앞에서는 /더/가 아니라 /디/ 라고 읽어야 해요.

꼭 /디/라고
읽어야 해요.

the apron, the angel, the eel, the oil, the uncle…
그 앞치마   그 천사   그 장어   그 기름   그 삼촌…

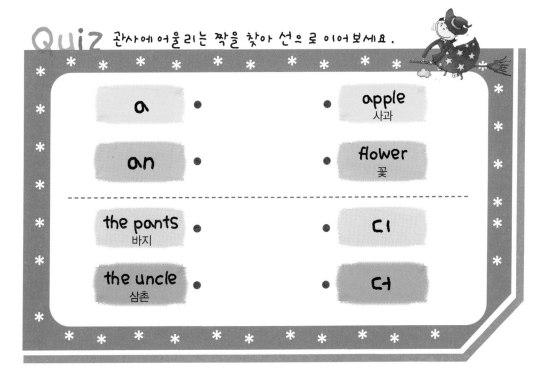

Quiz 관사에 어울리는 짝을 찾아 선으로 이어보세요.

a •   • apple
                  사과

an •   • flower
                  꽃

the pants •   • 디
바지

the uncle •   • 더
삼촌

1 부정관사 a와 an 중 맞는 형태를 다음의 명사 앞에 써 보세요.

> **보기** apple → an apple

1) frog(개구리)   → _____
2) flower(꽃)   → _____
3) egg(계란)   → _____
4) orange (오렌지) → _____

2 다음 단어 앞의 정관사 the를 어떻게 읽는지 괄호 안에 써 보세요.

> **보기** the apple → 디

1) the socks   (   )   2) the angel   (   )
3) the oil   (   )   4) the apron   (   )

 다음 명사에 a/an, 그리고 the를 붙여서 쭉 읽어보세요.

error, train, opera, uncle, quiz, library, olive, basket, skirt, towel

정답
1. 1) a frog   2) a flower   3) an egg   4) an orange
2. 1) the socks (더)   2) the angel (디)   3) the oil (디)   4) the apron (디)
3. an error, a train, an opera, an uncle, a quiz, a library, an olive, a basket, a skirt, a towel
   the(디) error, the(더) train, the(디) opera, the(디) uncle, the(더) quiz, the(더) library,
   the(디) olive, the(더) basket, the(더) skirt, the(더) towel

동사가 무엇일까요?

동사는 움직임이나 상태를 나타내는 말이에요. '가다', '먹다', '가지다', '좋아한다' 등이 모두 동사이죠. 동사는 문장 안에서 제일 중요한 역할을 해요. 어떤 동사가 오느냐에 따라 뒤에 나오는 말들이 모두 결정되거든요.

 ## 제일 간단하면서도 복잡한 동사가 be동사예요.

be동사의 뜻은 '~이다', '~이있다'예요. 그런데 be동사의 특이한 점 한가지는 주어가 무엇이냐에 따라 모양새를 달리해서 am/are/is로 쓰인다는 것입니다.

주어	I	You	We	They	He/She/It
be동사	am	are			is

I am your only sister.   난 너의 하나밖에 없는 언니야.

You are a genius.   넌 천재야.

We are third graders.   우리는 3학년이야.

They are brave soldiers.   그 사람들은 용감한 군인이야.

He is a gentleman.   그 남자는 신사야.

She is kind and generous.   그 여자는 친절하고 너그러워.

It is a polar bear.   그것은 북극곰이야.

 be동사의 줄임말

be동사는 다른 동사와는 달리 좀 특이해서 주어와 붙여서 쓸 수가 있어요.
그만큼 자주 쓰이는 동사이기 때문에 줄임말도 있는 거겠죠?
일상 생활에서 이야기할 때 be동사는 줄임말로 더 많이 쓰니까 알아두는
게 좋겠네요.

I'm your fan.   난 당신의 팬이에요.

You're my favorite singer.   당신은 내가 제일 좋아하는 가수예요.

We're in the theme park.   우리는 놀이공원 안에 있어요.

They're lovely babies.   그들은 사랑스러운 아기들이에요.

He's a tennis player.   그는 테니스 선수예요.

She's Andy's mom.   그녀는 Andy네 엄마예요.

It's my family photo.   그것은 우리 가족 사진이에요.

 따라 써 보세요!

I am→I'm   **You are**→You're   **He is**→He's

108

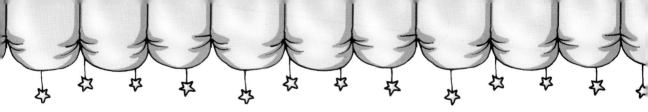

2 이번엔 일반 동사에 대해서 배워볼까요?

일반 동사란 무엇일까요? 일반 동사란 주어가 움직이거나, 어떤 상태에 처해 있는 것을 말해 주는 단어예요. 앞에서 배운 be동사와 곧 뒤에서 배울 조동사와 구분하기 위해서 '일반~'이라는 말을 붙인 거구요. 일반 동사에는 어떤 것들이 있는지 한번 알아볼까요?

 움직임을 나타내는 일반동사에는 이런 것들이 있어요.

eat(먹다), run(달리다), walk(걷다), read(읽다), wash(씻다), write(쓰다), study(공부하다), go(가다), swim(수영하다), fly(날다), speak(말하다)···

[예문]

The giants eat too much.
거인들은 너무 많이 먹어요.

I run to Jenny's house after school.
나는 방과 후 Jenny의 집으로 뛰어갑니다.

We walk to school.
우리는 학교에 걸어서 갑니다.

The students read many books.
학생들은 많은 책을 읽어요.

Kate and I wash clothes on weekends.
Kate와 나는 주말에 세탁을 해요.

I write a letter every day.
나는 매일 편지를 씁니다.

They study very hard.
그들은 열심히 공부를 합니다.

I go skiing in winter.   나는 겨울에 스키 타러 갑니다.

Divers swim in the sea.   잠수부들은 바다에서 수영을 합니다.

Birds fly high in the sky.   새들이 하늘 높이 납니다.

We speak in English.   우리는 영어로 말을 합니다.

 상태를 나타내는 일반동사에는 이런 것들이 있어요.

> love(사랑하다), like(좋아하다), have(가지다), know(알다), hate(미워하다), think(생각하다), forget(잊다), remember(기억하다), believe(믿다)···

[예문]

I love my parents.   나는 제 부모님들을 사랑해요.

My brother and I like ice cream much.
제 남동생과 저는 아이스크림을 매우 좋아해요.

They have lots of books.   그들은 많은 책을 가지고 있어요.

We know him very well.   우리는 그를 잘 알아요.

I hate cats and dogs.   저는 고양이와 개를 싫어해요.

I always think of him.   저는 그를 항상 생각합니다.

We often forget our homework.   우리는 종종 숙제를 잊곤 해요.

Do you remember my name?   제 이름을 기억하나요?

You believe in God.   당신은 신의 존재를 믿어요.

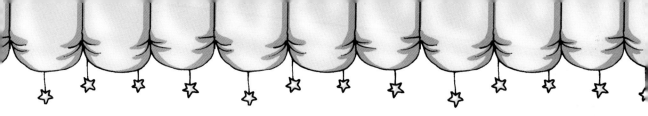

Love   Remember
Believe   Know

eat •

read •

swim •

run •

write •

• 바나나를 먹다

• 수영을 하다

• 책을 읽다

• 연필로 쓰다

• 뛰어가다

연습문제

1 보기와 같이 빈칸에 알맞은 be동사를 써 보세요.

> **보기** I <u>am</u> happy. 나는 행복하다.

1) They _____ my classmates.   그들은 나의 학급 친구야.

2) He _____ my music teacher.   그는 나의 음악선생님이야.

3) She _____ a ballerina.   그녀는 발레리나야.

4) I _____ very happy now.   나는 지금 매우 행복해.

2 밑줄 친 주어와 be동사를 보기와 같이 줄임말로 써보세요.

> **보기** <u>I am</u> happy. 나는 행복하다. ➡ **I'm**

1) I am winner of the game.   ➡ _____
   나는 게임에서 승리했어.

2) We are baseball players.   ➡ _____
   우리는 야구 선수들이야.

3) He is a good swimmer.   ➡ _____
   그는 훌륭한 수영선수야.

4) It is my lunch box.   ➡ _____
   이것은 내 점심도시락이야.

정답 1. 1) are   2) is   3) is   4) am
          2. 1) I'm   2) We're   3) He's   4) It's

3 다음의 동사가 움직임을 나타내는 동사인지, 상태를 나타내는 동사인지 쓰세요.

> 보기   **We speak in English.** 우리는 영어로 말을 합니다. → (움직임)

1) I hate those red shoes.　　　➡ (　　　)
   나는 이 빨간 신발을 싫어해.

2) We watch interesting movies.　➡ (　　　)
   우리는 재미있는 영화를 봐.

3) They like pop songs.　　　　➡ (　　　)
   그들은 팝송을 좋아해.

4) You draw a picture everyday.　➡ (　　　)
   너는 매일 그림을 그려.

5) I drink only cold water.　　　➡ (　　　)
   나는 오로지 찬물만 마셔.

6) Americans love football.　　　➡ (　　　)
   미국인은 미식축구를 좋아해.

7) They read magazines in the subway.　➡ (　　　)
   그들은 전철 안에서 잡지를 읽어.

8) Airplanes fly in the sky.　　➡ (　　　)
   비행기는 하늘을 날아.

You look pretty.

Part 5

조동사

조동사란 무엇일까요?

조동사는 앞에서 배운 동사를 도와주는 동사예요. 그러니까 원래 동사에 어떤 뜻을 더해주는 단어이죠. 예를 들어서 '나는 수영을 한다.'라는 문장은 만들 수 있는데, '나는 수영할 수 있다.'라는 말은 어떻게 할까요? 뒤의 문장은 내 능력을 나타내고 있는 문장이잖아요. 그럴 때는 'I swim.'이라는 문장에 능력을 나타내주는 조동사 can을 써서 'I can swim.'이라고 말하면 돼요. 자, 그러면 이렇게 도와주는 동사들이 얼마나 다양하게 있는지 살펴볼까요?

 능력을 말할 때 can, 허락해 줄 때 may를 써요.

 능력의 can

can은 '할 수 있다'라는 뜻을 더해줘요. 그러면 cannot이라고 쓰면 '할 수 없다'가 되겠죠? 이럴 때는 줄여서 can't라고도 한답니다.

I can speak English.	나는 영어를 말할 수 있어.
My mom can make pizza.	우리 엄마께서는 피자를 만드실 수 있어.
I can answer difficult questions.	나는 어려운 문제에 답할 수 있어.
The baby cannot walk.	그 아기는 걸을 수 없어.
The girl can't run fast.	그 소녀는 빨리 뛸 수 없어.

114

I can skateboard very well.

🔘 허락의 may

may라는 조동사는 '해도 좋다'라는 뜻을 더해줘서 허락을 할 때 써요.

You may take a nap.	너 낮잠을 좀 자도 좋아.
You may come into the room.	너 방으로 들어와도 좋아.
You may have dessert.	넌 후식을 먹어도 좋아.
Children may not go out at night.	어린이들은 밤에 밖에 나가선 안돼.
You may not take a picture here.	너 여기서 사진 찍으면 안돼.

You may not go out.

의무를 나타내는 조동사에는 must와 should가 있어요.

'너는 숙제를 해야만 해.', '너는 샤워를 해야 해.'라고 엄마가 자주 잔소리하죠? 이렇게 의무를 지어주는 말을 할 때 도와주는 동사에는 must와 should가 있어요. must는 엄마가 화가 나서 명령하듯이 말씀하시거나, 긴급한 상황에서 아주 중요한 말을 할 때, should는 타이르듯이 충고하실 때 써요. 그러니까 must는 강한 의무를 나타내고, should는 약한 의무를 나타낸다고 생각하면 쉬워요.

🔵 강한 의무의 조동사 must

must는 '해야만 한다'라는 강한 뜻을 더해 줘요.

You must do your homework.	넌 네 숙제를 해야만 해.
You must meet the dentist today.	넌 오늘 꼭 치과에 가야 해.
You must clean your room today.	너 오늘 꼭 방 청소를 해야 해.

🔵 의무의 조동사 should

should는 '해야 한다'는 약한 뜻을 더해 줘요.

I should go to bed early.	나는 일찍 자야 돼.
You should take a shower.	넌 샤워해야 돼.
I should exercise every day.	나는 매일 운동을 해야 돼.

116

 공손하게 부탁할 때 could와 would를 써요.

음식점에 가서 웨이터에게 '소금 좀 주시겠어요?'라고 공손하게 부탁하거나, 창문 가까이 있는 친구에게 '창문 좀 열어줄래?'라고 말할 때 어떻게 할까요? '소금 줘.', '창문 열어.'처럼 명령하는 투로 이야기하면 듣는 사람이 기분 나빠 하겠지요? 상대방이 듣기 좋게 부탁할 때 쓰는 조동사가 바로 could와 would 입니다. 두 조동사는 별로 뜻의 차이 없이 비슷한 때에 쓰여요. 앞으로는 예의 바르게 정중하게 남에게 부탁해 봅시다.

 부탁의 could

정중하게 부탁할 때 쓰는 could예요.

Could you open the door?	문 좀 열어 주실래요?
Could you pass me the salt?	소금 좀 건네주시겠어요?
Could you open the book?	책을 좀 펴주시겠어요?
Could you turn on the light?	불 좀 켜주시겠어요?
Could you take off your shoes?	신발을 좀 벗어주시겠어요?
Could you bring me a fork?	포크 좀 갖다 주시겠어요?

 공손의 would

역시 공손하게 말할 때 쓰는 would예요.

Would you lend me a pencil?	연필 좀 빌려주실래요?

Would you stand in line?	줄 좀 서 주실래요?
Would you turn off the radio?	라디오 좀 꺼 주실래요?
Would you help me today?	오늘 저 좀 도와주실래요?
Would you listen to me?	제 말 좀 들어주실래요?
Would you like more salad?	샐러드 좀 더 드실래요?

Would you help me today?

QUIZ! QUIZ!

연습문제

1 한글 해석을 보고 빈칸에 can이나 cannot, may나 may not을 써 보세요.

> **보기** **My mom <u>can</u> make pizza.** 우리 엄마는 피자를 만드실 수 있다.

1) I _____ speak English.   나는 영어를 말할 수 있다.
2) The girl _____ run fast.   그 소녀는 빨리 뛸 수 없다.
3) You _____ come into the room.   너 방으로 들어와도 좋다.
4) You _____ take a picture here.   너 여기서 사진 찍으면 안 된다.

2 보기와 같이 다음을 조동사의 뜻에 유의하면서 해석해 보세요.

> **보기** **I should go to bed early.** 나는 일찍 자야 된다.

1) You must do your homework.   넌 네 숙제를 _____ .
2) You must not eat too much.   넌 너무 많이 _____ .
3) You should not do that.   넌 그런 짓을 _____ .

3 공손하게 말할 때 쓸 수 있는 조동사 could나 would를 빈칸에 써 보세요.

1) _____ you pass me the salt?   소금 좀 건네주시겠어요?
2) _____ you like more salad?   샐러드 좀 더 드실래요?
3) _____ you turn on the light?   불 좀 켜주시겠어요?

정답 1. 1) can   2) cannot   3) may   4) may not
2. 1) 해야만 한다   2) 먹어서는 안 된다.   3) 하면 안 된다.
3. 1) Could   2) Would   3) Could

Part 6

형용사

형용사란 무엇일까요?

형용사는 명사를 꾸며주는 말이에요. 문장 안에서 명사를 자세히 설명해 주는 역할을 하죠. 엄마께서 부엌에 가서 cup을 가져오라고 하시네요. 그런데 많은 컵 중에서 어떤 컵을 가져가야 할지 잘 모르겠어요. 그럴 때 엄마께서 'the big cup'이라고 말씀해 주시면 좋겠죠? 이럴 때 쓰인 big이라는 말이 바로 형용사인데요, 많은 컵들 중에서 어떤 컵을 골라야 하는지 설명해 주고 있잖아요. 이제 형용사가 어떤 것인지 알겠죠? 그럼 형용사에 대해 더 자세히 배워봅시다.

1 형용사에는 어떤 말들이 있을까요?

 크기나 길이를 나타내는 형용사들

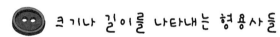

big(큰), small(작은), tall(키가 큰), long(긴), short(짧은), large(넓은)···

 사람의 특징을 나타내는 형용사들

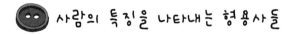

kind(친절한), generous(너그러운), cheerful(활기찬),
gloomy(우울한), courageous(용감한),
humorous(유머러스한), tough(거친), timid(겁 많은)···

120

● 색깔을 나타내는 형용사들

red(빨간), pink(핑크), blue(파랑), yellow(노랑), green(초록), orange(오렌지), brown(갈색), black(검정), gray(회색), white(흰색)…

● 생김새를 나타내는 형용사들

pretty(예쁜), cute(귀여운), beautiful(아름다운), ugly(못생긴), fat(뚱뚱한), thin(마른)…

● 성질을 나타내는 형용사들

soft(부드러운), hard(딱딱한), cool(시원한), hot(뜨거운), warm(따뜻한), smooth(부드러운), old(나이 든), young(젊은), famous(유명한), interesting(재미있는)…

121

2 형용사는 명사 앞이나 be동사 뒤에 와요.

형용사에 어떤 종류들이 있는지 이제 알겠어요? 이제는 형용사를 어떻게 써야 할지 배워 봅시다. 형용사는 명사 앞에서 명사를 꾸며줄 수도 있고요, be동사 뒤에 놓여서 명사를 설명해 줄 수도 있답니다. 자, 형용사가 어떻게 쓰이고 있는지 실제로 문장을 살펴 봅시다.

 형용사가 명사 앞에 위치할 때

형용사는 명사 앞에서 명사를 꾸며줍니다.

Mickey has long legs.	Mickey는 긴 다리를 가지고 있어.
They live in a large house.	그들은 넓은 집에 살아.
Brides wear white dresses.	신부들은 하얀 드레스를 입어.
He is a timid boy.	그는 소심한 소년이야.
I want that red skirt.	나 저 빨간 치마 갖고 싶어.
I drank hot cocoa.	난 뜨거운 코코아를 마셨어.
She is a kind teacher.	그녀는 친절한 선생님이야.

형용사가 be동사 뒤에 위치할 때

형용사가 be동사 뒤에 놓여서 명사를 설명해 줍니다.

His T-shirt is very big.　　　　그 남자애의 티셔츠는 아주 커.

The chicks are yellow.　　　　병아리들은 노란색이야.

Pigs are fat.　　　　돼지들은 뚱뚱해.

The lady is very old.　　　　그 숙녀분은 나이가 많으셔.

My father is so generous.　　　　우리 아버지는 매우 너그러우셔.

My uncle is tall.　　　　우리 삼촌은 키가 커.

My puppy is black and white.　　　　내 강아지는 얼룩이야.

3 비교할 때 쓰는 형용사를 알아 보아요.

'내 양말이 내 동생의 양말보다 크다.'와 같은 문장은 내 양말과 내 동생의 양말의 크기를 비교하고 있습니다. 이렇게 형용사를 사용해서 두 가지 대상을 비교하는 문장을 만들 수 있어요. 이럴 때 쓰는 형용사를 비교급이라고 해요. 비교급을 만드는 방법에는 두 가지가 있습니다. 형용사에 -er을 붙이는 거죠. 그런데 원래 길이가 긴 형용사는 -er까지 붙이면 너무 길어지겠지요. 그럴 때에는 형용사 앞에다 more를 써 주면 된답니다. 그리고 '~보다'라는 말은 영어로 than이라고 쓰면 돼요.

 비교급을 만드는 방법

형용사 뒤에 -er을 붙이고 than을 써서 비교하는 말을 만들어요.

단어가 짧을 땐 뒤에 er을 붙여요!

small → smaller

Today is warmer than yesterday. 오늘이 어제보다 더 따뜻하다.

My hair is longer than my sister's. 내 머리가 우리 언니 머리보다 길다.

The coke is cooler than the juice. 그 콜라가 그 주스보다 시원하다.

The lady is kinder than the man. 그 숙녀가 그 남자보다 더 친절하다.

James is taller than his brother. James가 그 남동생보다 키가 크다.

The red socks are smaller than mine. 그 빨간 양말이 내 것보다 작다.

124

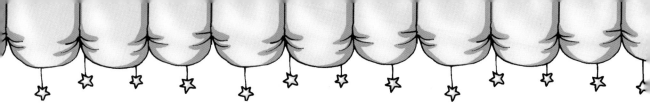

●● 3음절 이상의 길이가 긴 형용사 앞에는 more를 써서 비교하는 말을 만들어요.

> 단어가 길 땐 앞에 more을 붙여요!

beautiful → more beautiful

Roses are more beautiful than lilies.
장미가 백합보다 더 아름답다.

My boyfriend is more humorous than you.
내 남자친구가 너보다 더 재미있다.

The team is more cheerful than our team.
그 팀이 우리 팀보다 더 활기있다.

He is more generous than my uncle.
그가 우리 삼촌보다 더 너그럽다.

She is more famous than the actress.
그녀가 그 여자 배우보다 더 유명하다.

Soccer is more interesting than baseball.
축구가 야구보다 더 흥미롭다.

4 수를 나타내는 형용사도 있어요.

개수를 셀 때 어떻게 세죠? 한 개, 두 개, 세 개… 그러면 순서를 셀 때는요? 첫 번째, 두 번째, 세 번째… 영어에서도 이렇게 개수와, 순서를 세는 말이 따로 있답니다. 그리고 이러한 말들이 주로 명사와 함께 쓰여서 형용사 역할을 하지요.

 순서를 세는 말

순서를 세는 말 앞에는 꼭 the를 써요.

first	second	third
fourth	fifth	sixth
seventh	eighth	ninth
tenth	eleventh	twelfth
thirteenth	fourteenth	fifteenth
sixteenth	seventeenth	eighteenth
nineteenth	twentieth	…

the second **page**   두 번째 페이지
the third **baby**   세 번째 아기
the fifteenth **letter**   열 다섯 번째 편지

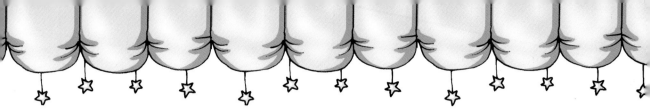

개수를 세는 말

one	two	three	four	five	six
seven	eight	nine	ten	eleven	twelve
thirteen		fourteen		fifteen	
sixteen		seventeen		eighteen	
nineteen		twenty		...	

two **Christmas cards**   두 장의 크리스마스 카드
eleven **members**   열한 명의 회원
twenty **hamburgers**   스무 개의 햄버거

'얼마만큼'을 나타내는 형용사도 배워 봅시다.

친구가 지금 돈이 얼마큼 있냐고 물어봅니다. 그때 정확히 몇 천 몇 백원이 있다고 숫자로 말할 수도 있지만, 대충 '많이 있어.' '조금 있어.' 아니면 '별로 없어.'라고 대답하는 경우가 있잖아요. 그럴 때 쓰는 형용사를 배워 보기로 해요. 그런데 여기에서 주의해야 할 점은 book(책), window(창문), shoes(신발)처럼 셀 수 있는 명사랑 함께 쓸 수 있는 형용사와 money(돈), water(물), bread(빵)처럼 셀 수 없는 명사랑 함께 쓰는 형용사가 다르다는 것이지요.

 양을 나타내는 형용사의 종류

셀 수 있는 명사와 함께 쓰는 형용사예요.

many(많은), a few(몇 개 있는), few(거의 없는)

I have many friends.	나는 친구들이 많아.
The boy has a few comic books.	그 소년은 만화책이 몇 권 있어.
She has few clothes.	그녀는 옷이 거의 없어.

셀 수 없는 명사와 함께 쓰는 형용사예요.

much(많은), a little(약간 있는), little(거의 없는)

We have much rain in summer.	여름에는 비가 많이 내려.
There is a little juice.	주스가 약간 있어.
I drank little water today.	난 오늘 물을 거의 못 마셨어.

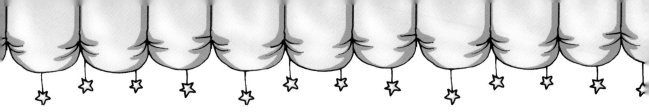

셀 수 있는 명사와 셀 수 없는 명사 모두에 쓰이는 형용사

셀 수 있는 명사와 셀 수 없는 명사 모두에 함께 쓸 수 있는 형용사예요.

a lot of(많은), lots of(많은), some(약간)

He has a lot of books.
그는 많은 책을 가지고 있다.

He has a lot of money.
그는 많은 돈을 가지고 있다.

He has a lot of friends.
그는 많은 친구가 있다.

Lots of children have imaginary friends.
많은 아이들이 상상의 친구를 갖고 있다.

There are some apples on the table.
테이블 위에 약간의 사과가 있다.

There is some water in the bucket.
물통 속에 약간의 물이 있다.

연습문제

1 한글 해석을 보고 빈칸에 알맞은 형용사를 써 넣으세요.

보기 **She is tall.** 그녀는 키가 크다.

1) Pigs are _____ .   돼지들은 뚱뚱하다.
2) He is a _____ boy.   그는 소심한 남자다.
3) My uncle is _____ .   우리 삼촌은 키가 크다.
4) She is _____ .   그녀는 젊다.
5) This book is very _____ .   이 책은 매우 재미있다.

2 다음 한글 해석에 맞는 형용사의 비교급을 써 넣으세요.

보기 **warm** 따뜻한 ➡ **warmer** 더 따뜻한

1) tall   큰   ➡ _____ 더 큰
2) long   긴   ➡ _____ 더 긴
3) famous   유명한   ➡ _____ 더 유명한
4) kind   친절한   ➡ _____ 더 친절한
5) cheerful 활기찬   ➡ _____ 더 활기찬

정답 1. 1) fat   2) timid   3) tall   4) young   5) interesting
2. 1) taller   2) longer   3) more famous   4) kinder   5) more cheerful

다음 한글 해석에 알맞은 형용사를 써 넣으세요.

> **보기** <u>ten</u> **students**   열 명의 학생들

1) _____ members   열한 명의 멤버들
2) _____ page   두 번째 페이지
3) _____ baby   세 번째 아기
4) _____ Christmas cards 두 장의 크리스마스 카드
5) _____ letter   열 여섯 번째 편지

4 다음 한글 해석을 보고 빈칸에 알맞은 형용사를 써 넣으세요.

> **보기** We have <u>much</u> rain in summer.
> 여름에는 비가 많이 내린다.

1) I have _____ friends.   나는 친구들이 많다.
2) She has ____ clothes.   그 여자는 옷이 거의 없다.

정답 3. 1) eleven   2) the second   3) the third   4) two   5) the sixteenth
4. 1) many   2) few

131

Part 7

부사

You look pretty.

부사란 무엇일까요?

형용사는 명사를 꾸며 주거나 설명해 주는 말이었죠. 이번에 배울 부사는 동사를 자세하게 설명해 주는 역할을 해요. 그런데 우리말에서도 형용사와 부사는 비슷한 모양을 가집니다. '아름다운'이라는 말은 형용사죠, 이와 비슷하게 생긴 '아름답게'라는 말은 부사입니다. 이와 마찬가지로 영어에서도 형용사와 모양이 비슷하거나 같은 부사들이 있습니다.

 ## 부사에도 여러 가지 모양이 있어요.

 형용사에 -ly를 붙여서 부사를 만들어요.

nicely(멋지게)
beautifully(아름답게)
bravely(용감하게)
kindly(친절하게)
softly(부드럽게)
⋮

bravely

The girl danced beautifully.
They fought bravely.
The lady spoke very kindly.
She played the piano softly.

그 소녀는 아름답게 춤을 추었다.
그들은 용감하게 싸웠다.
그 숙녀는 아주 친절하게 말했다.
그녀는 부드럽게 피아노를 쳤다.

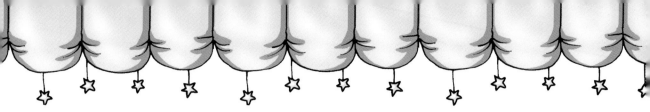

● 형용사 중에 -y로 끝나는 것은 i로 고치고 -ly를 붙여요.

easily

happily(행복하게)
prettily(예쁘게)
easily(쉽게)
merrily(즐겁게)
heavily(무겁게)
⋮

The couple lived happily. 그 부부는 행복하게 살았다.
The baby smiled prettily. 그 아기는 예쁘게 미소 지었다.
I won the game easily. 나는 그 게임에 쉽게 이겼다.
We laughed merrily. 우리는 즐겁게 웃었다.

● 형용사와 모양이 같은 부사

fast는 형용사와
부사가 똑같아요.

fast

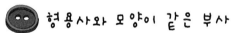
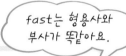

fast(빠르게)
late(늦게)
early(일찍)
high(높게)
⋮

The player ran fast. 그 선수는 빨리 뛰었다.
You came to school late. 너는 학교에 늦게 왔어.
My mom got up early. 우리 엄마는 일찍 일어나셨어.
The airplane flew high. 그 비행기는 높이 날았다.

133

💿 형용사와 모양은 같지만 뜻이 달라지는 부사

hard가 형용사일 때는 '딱딱한'이지만, 부사로 쓰이면 '열심히'라는 뜻이
됩니다.

I study math hard.
나는 수학을 열심히 공부한다.

💿 형용사의 모양과 완전히 달라지는 부사

'좋은'이라는 뜻을 가진 형용사 'good'이 부사가 되어 '잘, 좋게'라는 뜻을 가
지려면 'well'로 바꾸어야 해요.

Nina plays basketball well.
Nina는 농구를 잘 한다.

134

2 '얼마나 자주'를 나타내는 부사들도 있어요.

빈도 부사란 무엇일까요? 앞에서 배운 부사들은 모양, 정도, 상태 등을 나타내 주었잖아요. 그런데 이번에 배울 부사들은 자주, 가끔, 보통처럼 어떤 일을 얼마나 자주 하는지를 나타내주는 것이에요. 그런데 이런 종류의 부사들은 특이한 점이 한 가지 있거든요. 다른 부사들은 문장 안에서 꾸며주는 동사보다 뒤쪽에 나오는데, 이러한 '얼마나 자주'를 나타내는 부사들은 동사 바로 앞에 써야 돼요.

🔘 빈도 부사

★ always (항상)　　★ sometimes (가끔)
★ often (자주)　　★ seldom (거의~않는)
★ usually (보통)　　★ never (전혀~않는)

🔘 빈도부사의 위치

빈도부사는 동사 바로 앞에 위치합니다.

I always brush my teeth.　　나는 항상 이를 닦아.

She often goes shopping.　　그녀는 자주 쇼핑을 해.

135

The students usually go to school on foot.

그 학생들은 보통 걸어서 학교에 가.

My family sometimes goes on a picnic.

우리 가족은 가끔 소풍을 가.

My brother seldom takes a shower.

우리 형은 거의 샤워를 하지 않아.

The girl never read newspapers.

그 소녀는 전혀 신문을 읽지 않아.

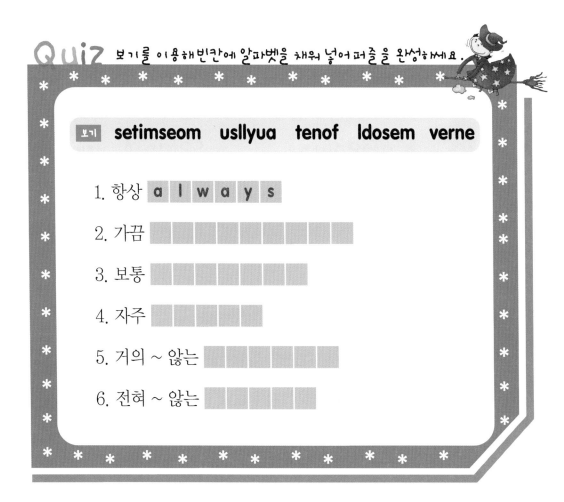

Quiz 보기를 이용해 빈칸에 알파벳을 채워 넣어 퍼즐을 완성하세요.

보기 setimseom usllyua tenof ldosem verne

1. 항상 `a` `l` `w` `a` `y` `s`

2. 가끔 ⬜⬜⬜⬜⬜⬜⬜⬜⬜

3. 보통 ⬜⬜⬜⬜⬜⬜

4. 자주 ⬜⬜⬜⬜⬜

5. 거의 ~ 않는 ⬜⬜⬜⬜⬜⬜

6. 전혀 ~ 않는 ⬜⬜⬜⬜⬜

QUIZ! QUIZ!

연습문제

 1 다음 한글 해석을 보고 빈칸에 알맞은 부사를 써 넣으세요.

보기 **You came to school <u>late</u>.** 너는 학교에 늦게 왔다.

1) The girl danced _____ .   그 소녀는 아름답게 춤을 추었다.

2) They fought _____ .   그들은 용감하게 싸웠다.

3) I won the game _____ .   나는 게임에 쉽게 이겼다.

4) The player ran _____ .   그 선수는 빨리 뛰었다.

5) He plays basketball _____ .   그는 농구를 잘 한다.

 2 다음 중 부사를 찾아 동그라미 치세요.

보기 **My mom got up (early)** 우리 엄마는 일찍 일어났다.

1) I always brush my teeth.   나는 항상 이를 닦아.

2) She often goes shopping.   그녀는 자주 쇼핑을 가.

3) My brother seldom takes a shower.   우리 형은 거의 샤워를 하지 않아.

4) The girl never reads books.   그 소녀는 전혀 책을 읽지 않아.

5) The students usually go to school on foot.
그 학생들은 보통 걸어서 학교에 가.

정답 1. 1) beautifully   2) bravely   3) easily   4) fast   5) well
2. 1) always   2) often   3) seldom   4) never   5) usually

137

You look pretty.

Part 8

접속사

접속사란 무엇일까요? ● ● ● ● ● ● ● ● ● ● ● ●

접속사는 단어와 단어, 혹은 문장과 문장을 이어 주는 말이에요. 우리말로는 '그리고', '그래서', '그러나', '혹은'과 같은 것들이죠. 접속사가 이어 주고 있는 말이 무엇인지 잘 살펴보면서 다음 내용을 공부해 보세요.

 ## 접속사의 종류

접속사 and

'~와', '그리고'라는 뜻을 가진 접속사는 and입니다.

My brother and I went fishing.　　내 형과 나는 낚시를 하러 갔어요.

The lady is pretty and smart.　　그 숙녀는 예쁘고 똑똑해요.

We played and swam yesterday.　우리는 어제 놀았고 수영을 했어요.

I went to Paris and Alice went to London.
나는 파리에 갔고 Alice는 런던에 갔어요.

She learned French and I learned English.
그녀는 불어를 배웠고 나는 영어를 배웠어요.

We watched TV and they read books.
우리는 TV를 보았고 그들은 책을 읽었어요.

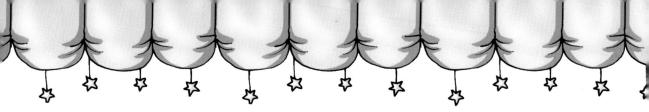

접속사 but

'~이지만', '그러나'라는 뜻을 가진 접속사는 but입니다.

Yesterday was sunny but today is rainy.
어제는 맑았지만 오늘은 비가 와요.

I like romantic movies but she likes action movies.
나는 로맨틱 영화를 좋아하지만 그녀는 액션 영화를 좋아해요.

I ate salad but my girlfriend ate steak.
나는 샐러드를 먹었지만 내 여자친구는 스테이크를 먹었어요.

My mom exercised but I rested at home.
나의 엄마는 운동을 했지만 나는 집에서 쉬었어요.

Chris speaks in English but Mandy speaks in Chinese.
Chris는 영어로 말하지만 Mandy는 중국어로 말해요.

She had some spaghetti but I had some pizza.
그녀는 약간의 스파게티를 먹었지만 나는 약간의 피자를 먹었어요.

sunny   **but**   rainy

Yesterday was sunny, but today is rainy.
어제는 화창했지만, 오늘은 비가 온다.

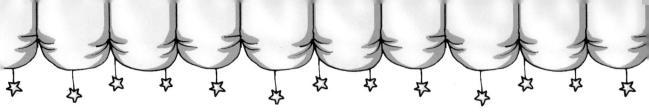

접속사 So

'그래서' 라는 뜻을 가진 접속사는 so입니다.

I live in America so I eat hamburgers.
저는 미국에 살아서 햄버거를 먹어요.

I got up late so I was late for school.
저는 늦게 일어나서 학교에 지각을 했어요.

Lucy caught a cold so she was in bed.
Lucy는 감기에 걸려서 침대에 누워 있어요.

It snowed outside so we made a snowman.
밖에 눈이 와서 우리는 눈사람을 만들었어요.

Michael was hungry so he ate some bread.
Michael은 배가 고파서 조금의 빵을 먹었어요.

We live in Korea so we have four seasons.
우리는 한국에 살아서 4계절을 느낄 수 있어요.

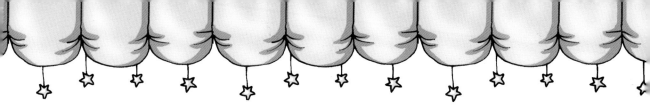

접속사 or

'~이거나', '혹은'의 뜻을 가진 접속사는 or입니다.

I want coke or juice.

나는 콜라나 주스를 원해요.

Do you like red or blue?

빨간색이나 파란색을 좋아해요?

We walked or ran all day long.

우리는 하루 종일 걷거나 달렸어요.

The baby sleeps or cries.

아기들은 자거나 울어요.

My family will go on a picnic or stay at home.

우리 가족은 소풍을 가거나 집에 있을 거예요.

You should take a bus or go on foot.

당신은 버스를 타거나 걸어가야 해요.

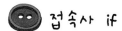

접속사 if

'만약에'라는 뜻을 가진 접속사는 if입니다.

If you study hard, you will pass the exam.

만약에 네가 열심히 공부한다면 너는 그 시험에 통과할 거야.

If you are sleepy, you can go to bed now.

만약에 네가 졸리면 지금 자러 가도 좋아.

If you have enough money, you should lend me some.

만약 너에게 충분한 돈이 있다면 너는 나에게 조금 빌려줘.

If you are thirsty, you can drink my water.

만약에 목이 마르면, 너는 내 물을 마셔도 좋아.

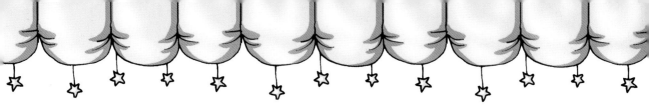

접속사 because

'왜냐하면', '~이기 때문에'의 뜻을 가진 접속사는 because입니다.

I am very tired because I slept little yesterday.

나는 어제 거의 못 잤기 때문에 너무 피곤해요.

I like pizza because it is delicious.

나는 피자가 맛있기 때문에 좋아해요.

Lucy was absent from school because she was sick.

Lucy는 아팠기 때문에 학교에 결석했어요.

James took a shower because he was very dirty.

James는 더러웠기 때문에 샤워를 했어요.

You should be careful because it is dangerous.

위험하기 때문에 너는 조심을 해야 해.

Mom bought a cake because today is my birthday.

오늘이 내 생일이기 때문에 엄마는 케이크를 샀어요.

연습문제

1 우리말과 일치하려면 괄호 안에 어떤 접속사가 들어가야 하는지 쓰세요.

보기 The baby sleeps (or) cries. 아기들은 자거나 울어요.

1) Mary는 가난하지만 행복하다.

Mary is poor (   ) happy.

2) 나는 빨강색이나 분홍색 신발을 원해요.

I want the red shoes (   ) the pink ones.

3) 나는 상점에 갔고, 스웨터를 샀다.

I went to the store (   ) bought a sweater.

4) 만약 그 방이 비어있다면, 우리가 그것을 쓸 수 있다.

(   ) the room is empty, we can use it.

5) 나는 내일 시험이 있어서 오늘 TV를 볼 수 없다.

I have an exam tomorrow (   ) I can't watch TV today.

6) 나는 파티에 갈 수 없는데 왜냐하면 내일 콘서트에 가기 때문이다.

I can't go to the party (   ) I am going to a concert tomorrow.

정답 1. 1) but   2) or   3) and   4) If   5) so   6) because

전치사

전치사란 무엇일까요?

전치사는 관계를 나타내 주는 말이에요. 특히 시간이나, 장소를 말할 때 주로 쓰인답니다. 문장 안에서 중요한 역할을 하므로 잘 익혀 둬요.

 장소를 나타내는 전치사를 배워 봅시다.

명사만으로는 정확한 장소나 위치를 표현하기 힘들어요. 이럴 때 장소를 나타내는 전치사를 쓰는 거예요. 이런 전치사에는 in(~안에), on(~위에), over(~위에), under(~밑에), in front of(~앞에), behind(~뒤에) 등이 있어요, 하나하나 자세하게 공부해 볼까요?

 장소의 전치사 in(~안에)

in은 무언가의 안에 있는 상태를 말해요.

A cat is in the box.	고양이가 상자 안에 있어요.
Candy is in my bag.	사탕이 내 가방 안에 있어요.
Milk is in the refrigerator.	우유가 냉장고 안에 있어요.

144

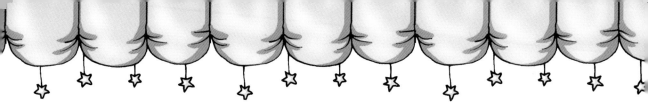

 장소의 전치사 on(~위에)

on은 한 면과 붙어 있는 상태를 말해요.

A CD player is on the desk.	CD 플레이어가 책상 위에 있어요.
Lots of food is on the table.	많은 음식이 식탁 위에 있어요.
A pillow is on the bed.	베개가 침대 위에 있어요.

 장소의 전치사 over(~위에)

over는 on과는 달리 위에 떠 있는 상태를 말해요.

Look at the bridge over the river. 강 위의 다리를 보세요.

There is a picture over the fireplace. 벽난로 위에 사진이 있어요.

Can you see the moon over the mountain? 산 위의 달이 보이나요?

 장소의 전치사 under(~밑에)

under는 '책상 밑'처럼 어떤 사물 아래 공간에 있는 상태를 말해요.
그래서 on이 아니라 over의 반대말로 쓰이죠.

A ship is under the bridge. 배가 다리 밑에 있어요.

The child hid under the desk. 아이가 책상 밑에 숨었어요.

Put the heater under the table. 식탁 밑에 히터를 놓으세요.

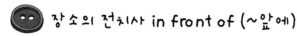

장소의 전치사 in front of (~앞에)

A girl is in front of my car.
소녀가 나의 차 앞에 있어요.

Santa Claus is in front of the door.
Santa Claus(산타클로스)가 문 앞에 있어요.

The sofa is in front of the TV.
소파가 TV 앞에 있어요.

장소의 전치사 behind (~뒤에)

A hill is behind my house.
언덕이 내 집 뒤에 있어요.

The building is behind the church.
빌딩이 교회 뒤에 있어요.

A broom is behind the door.
빗자루가 문 뒤에 있어요.

 ## 시간을 나타내는 전치사를 배워 봅시다.

시간을 나타내는 전치사는 장소를 나타내는 전치사보다 좀 더 공부하기가 힘들어요. 왜냐하면 시간을 나타내는 전치사는 딱히 정해진 뜻이 있다기보다는 여기 저기 쓰이거든요. 그래서 외우려고 하지 말고, 이런 때는 이 전치사가 쓰이는구나~하고 자꾸 읽어보면 돼요.

146

시간의 전치사 at

We started the game at seven o'clock.
우리는 그 게임을 7시에 시작했어요.

My grandfather always has lunch at noon.
나의 할아버지는 항상 정오에 점심을 드세요.

Children should stay home at night.
아이들은 밤에는 집에 있어야 해요.

시간의 전치사 on

Let's go on a picnic on Sunday.   일요일에 소풍 가자.

We have a party on January first.   우리는 1월 1일에 파티를 해요.

What do you do on holidays?   너는 휴일에 무엇을 하니?

시간의 전치사 in

They take a vacation in summer.   그들은 여름에는 휴가를 가져요.

Autumn starts in September.   가을은 9월에 시작해요.

My uncle was born in 1980.   내 삼촌은 1980년에 태어났어요.

He takes a shower in the morning.   그는 아침에 샤워를 해요.

연습문제

QUIZ! QUIZ!

1 다음 문장을 우리말로 바꾸어 보세요.

1) A TV is on the table.

   ➡ _____

2) The cat hid behind the curtain.

   ➡ _____

3) The slippers are under my desk.

   ➡ _____

4) A baby sleeps in the cradle.

   ➡ _____

5) The sun is over the mountain.

   ➡ _____

2 우리말 해석을 보고 빈칸에 알맞은 전치사를 써 넣으세요.

보기 A cat is <u>in</u> the box. 고양이가 상자 안에 있다.

1) A girl is _____ my car.   소녀가 나의 차 앞에 있다.

2) A broom is _____ the door.   빗자루가 문 뒤에 있다.

3) Let's go on a picnic _____ Sunday.   일요일에 소풍 가자.

4) Autumn starts _____ September.   가을은 9월에 시작한다.

정답 1. 1) TV가 식탁 위에 있어요.   2) 고양이가 커튼 뒤로 숨었어요.
      3) 슬리퍼가 책상 밑에 있어요.   4) 아기가 요람에서 자요.   5) 태양이 산 위에 있어요.
      2. 1) in front of   2) behind   3) on   4) in

Part 10

감탄사

You look pretty.

감탄사란 무엇일까요? •••••••••••

여러분 깜짝 놀랐을 때 무슨 말이 제일 먼저 튀어나오나요? 어머나, 에구! 기쁠 때는 어떤 말이 나오죠? 우와, 아싸! 또 슬프거나 아쉬울 때는 에휴, 에이라고 말하곤 하죠? 이 한마디만 들어도 대충 말하는 사람이 어떤 감정을 느끼고 있는지 알 수가 있죠. 그러한 말들을 감탄사라고 합니다. 영어에는 어떤 감탄사로 감정을 표현하는지 알아볼까요?

 감탄사의 종류

 깜짝 놀랐을 때 Oh, Oops라고 말하죠.

Oh, is it true?   어머나, 그게 사실이니?

Oops, I made a mistake again.   헉, 나 또 실수했어.

 슬프거나 안타까울 때 Alas, Oh라는 말이 나옵니다.

Alas, my puppy was dead.   에휴, 내 강아지가 죽었어.

Oh, my god.   이런, 신이시여.

149

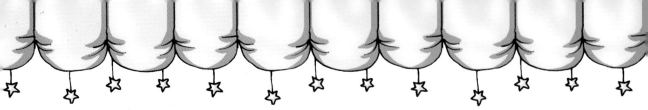

너무 기쁠 때 Wow, Hurrah, Bravo라고 소리치죠.

Wow, I got an A grade.   우와, 나 A학점 받았어.

Hurrah, it is Christmas!   아싸, 크리스마스대!

Bravo, you won the game.   잘했어, 네가 게임에 이겼어.

연습문제

QUIZ! QUIZ!

1 다음 문장은 어떤 감정을 가지고 말한 것인지 쓰세요.

1) Oh, watch out! It is dangerous.   (   )
어머나, 조심해! 위험하다구.

2) Alas, you failed the exam.   (   )
에휴, 너 시험에 떨어졌구나.

3) Hurrah, we are going for a vacation!   (   )
아싸, 방학이다.

정답   1. 1) 깜짝 놀랐을 때
      2) 슬프거나 안타까울 때
      3) 너무 기쁠 때

Section III

시제를 알아보아요

Unit | 시제

1. 현재 시제
2. 과거 시제
3. 미래 시제
4. 현재 진행형 시제
5. 수동태

Unit I 시제

시제란 무엇일까요?

여러분 매일매일 영어 공부하나요?

어제 영어 공부를 했다고 하면 그것은 과거의 일이에요. 지금 영어 공부를 하고 있다면 현재의 일이에요. 내일 영어 공부를 할 것이라고 하면 미래의 일이랍니다.

즉, 과거·현재·미래 중에서 언제 일이 일어나는지를 나타내는 것을 시제라고 해요.

시제는 아래와 같이 현재를 기준점으로 과거와 미래로 구분해요.

그럼 문장에서 과거, 현재, 미래의 시제를 표현하려면 어떻게 해야 할까요? 어떤 움직임(먹다, 달리다, 입다)을 표현하거나 상태(~이다, ~있다)를 나타내는 말인 동사의 모양을 그 동작이 일어난 때에 따라 과거, 현재, 미래로 동사의 모양을 변화시키면 돼요.

영어에서 동사 자체의 변화로 나타내는 시제는 현재(I watch)와 과거(I watched)뿐이지만, 조동사(will)와 동사를 결합시켜 미래를 나타내기도 해요. 현재시제(simple present), 과거시제(simple past), 미래시제(simple future)를 기본시제라고 하며 우리는 이 기본시제(simple tense)와 현재진행형(present progressive)을 중심으로 공부해 봐요.

현재 시제

현재 시제는 무엇일까요? ●●●●●●●●●

지금 일어나고 있는 동작 또는 현재의 상태를 표현할 때 사용해요.

 be동사의 현재형

'~이다'를 표현할 때 be동사를 써요. be동사는 주어가 You, We, They일 때
는 are를 He, She, It일 때는 is를, I일 때는 am을 사용해요.

주어에 따른 be동사의 변화			
You		I	am
We	are	He	
		She	is
They		It	

You are happy.	너는 행복하다.
We are good friends.	우리는 좋은 친구이다.

153

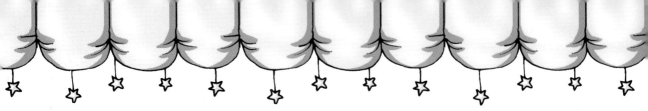

They are hungry.	그들은 배가 고프다.
I am sleepy now.	나는 지금 졸리다.
He is in the classroom.	그는 교실에 있다.
She is fat.	그녀는 뚱뚱해요.

② 일반 동사의 현재형

현재의 상태 '~이다.'를 표현하는 경우 외에 현재 일어나고 있는 동작 '~한다.'를 표현할 때에도 현재시제를 사용해요. 이 때, 주어가 3인칭 단수(He, She, It)일 때는 동사의 원형에 -s, -es를 붙이고 그 외의 경우(You, We, They, I)에는 동사원형 그대로 사용해 나타내요.

> 동사의 원형에 -s, -es를 붙여요.

He eats an apple.	그는 사과를 먹는다.
She watches the movie.	그녀는 영화를 본다.
Ken studies Korean.	Ken은 한국어를 공부한다.

> 동사의 원형을 그대로 써요.

I eat pizza for lunch.	나는 점심으로 피자를 먹는다.
We watch a cartoon on television.	우리는 텔레비전에서 만화를 본다.
They study English.	그들은 영어를 공부한다.

QUIZ!QUIZ!

 빈칸에 알맞은 be동사의 현재 시제를 써 보세요.

1) You _____ happy.   너는 행복하다.

2) We _____ good friends.   우리는 좋은 친구이다.

3) I _____ sleepy now.   나는 지금 졸리다.

4) He _____ in the classroom.   그는 교실에 있다.

5) She _____ tired.   그녀는 피곤하다.

빈칸에 알맞은 일반 동사의 현재 시제를 써 보세요.

1) He _____ an apple.   그는 사과를 먹는다.

2) She _____ the movie.   그녀는 영화를 본다.

3) We _____ a cartoon on television.   우리는 텔레비전에서 만화를 본다.

4) Ken _____ Korean.   Ken은 한국어를 공부한다.

5) They _____ English.   그들은 영어를 공부한다.

정답 1. 1) are   2) are   3) am   4) is   5) is
2. 1) eats   2) watches   3) watch   4) studies   5) study

> You look pretty.

Part 2

과거 시제

과거 시제란 무엇일까요? ● ● ● ● ● ● ● ● ●

이미 지나간 동작이나 상태를 나타내요.

어제 일어난 일, 한달 전에 일어났던 일 등 예전에 있었던 일을 말하고 싶을 때, 예를 들면, '~이었다.', '~이 있었다.', '~했었다.'라고 말하려면 과거 시제를 사용해요. 그럼 역사적 사실도 항상 과거로 써야 하겠죠?

이제, 동사의 과거형을 어떻게 만드는지도 함께 공부해 보아요.

be동사의 과거형

'~이었다.', '~이 있었다.'라고 과거의 상태를 말할 땐 be동사의 과거형을 사용하면 돼요. be동사는 주어가 You, We, They일 때는 were를 I, He, She, It일 때는 was를 사용해요.

주어에 따른 be동사의 변화

You		I	
We	were	He	was
They		She	
		It	

157

You were fat.

너는 뚱뚱했었다.

We were good friends.

우리는 좋은 친구였었다.

We were good friends.

They were in Busan for a holiday.

그들은 휴가 동안에 부산에 있었다.

I was sad at the end.

나는 마지막에 슬펐다.

He was in the movie.

그는 영화에 나왔다.

Mrs. Baker was a teacher.

Baker부인은 선생님이었다.

 ## 일반 동사의 과거형

'~했었다.'라고 과거의 동작을 말할 땐 일반 동사의 과거형을 사용해요.
이때 일반 동사는 뒤에 -ed를 붙여 과거형을 만드는 규칙동사와 과거형의
모양이 일정하지 않은 불규칙 동사로 나뉘어져요.

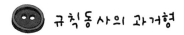 ### 규칙동사의 과거형

| 현재 | talk | **I talk with my friend.** 나는 친구랑 이야기해요. |

⬇

> 동사 talk에
> -ed를 붙였어요.

| 과거 | talked | **I talked with my friend.** 나는 친구랑 이야기했어요. |

It rained last night. 어젯밤에는 비가 왔다.

Peter washed the dishes. Peter는 접시를 닦았다.

They arrived here on time. 그들은 여기에 정시에 도착했다.

I tried to finish my homework by noon.

나는 정오까지 숙제를 끝내려고 노력했다.

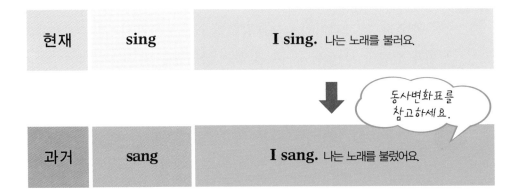

불규칙 동사의 과거형

현재	sing	I sing. 나는 노래를 불러요.

동사변화표를 참고하세요.

과거	sang	I sang. 나는 노래를 불렀어요.

Susan made dinner for me.   Susan은 나를 위해 저녁을 만들었다.

He taught English at a high school. 그는 고등학교에서 영어를 가르쳤다.

My dad took cold medicine.   아빠는 감기약을 드셨다.

We forgot to bring the key.   우리는 열쇠를 가져오는 것을 잊었다.

1 한글 해석을 읽고 빈칸에 알맞은 be동사의 과거 시제를 써 보세요.

보기 **She was beautiful.** 그녀는 아름다웠다.

1) You _____ fat.   너는 뚱뚱했었다.

2) I _____ sad at the end.   나는 마지막에 슬펐다.

3) He _____ in the movie.   그는 영화에 나왔다.

4) Mrs. Baker _____ a teacher.   Baker부인은 선생님이었다.

2 한글 해석을 읽고 빈칸에 알맞은 동사의 과거 시제를 써 보세요.

보기 **She made dinner for me.** 그녀는 나를 위해 저녁을 만들었다.

1) It _____ last night.   어젯밤에는 비가 왔다.

2) Peter _____ the dishes.   Peter는 접시를 닦았다.

3) He _____ English at a high school.   그는 고등학교에서 영어를 가르쳤다.

4) We _____ to bring the key.   우리는 열쇠를 가져오는 것을 잊었다.

정답 1. 1) were   2) was   3) was   4) was
      2. 1) rained   2) washed   3) taught   4) forgot

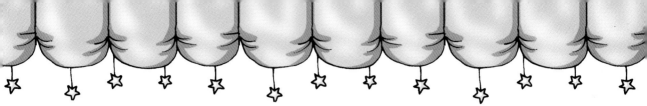

 ## 불규칙 동사 변화표 100

am	~이다, 있다	was	있었다
are	~이다, 있다	were	있었다
bear	참다	bore	참았다
beat	치다	beat	쳤다
become	~되다	became	~되었다
begin	시작하다	began	시작하였다
bite	물다	bit	물었다
blow	(바람이) 불다	blew	(바람이) 불었다
break	깨뜨리다	broke	깨뜨렸다
bring	가져오다	brought	가져왔다
build	세우다	built	세웠다
buy	사다	bought	샀다
can	할 수 있다	could	할 수 있었다
catch	잡다	caught	잡았다
choose	고르다	chose	골랐다

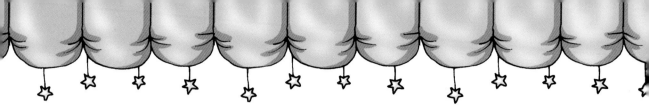

come	오다	**came**	왔다
cost	비용이 들다	**cost**	비용이 들었다
cut	자르다	**cut**	잘랐다
dig	(땅을) 파다	**dig**	(땅을) 팠다
dive	다이빙하다	**dove**	다이빙했다
do	~을 하다	**did**	~을 했다
draw	그리다	**drew**	그렸다
drink	마시다	**drank**	마셨다
drive	운전하다	**drove**	운전했다
eat	먹다	**ate**	먹었다
fall	떨어지다	**fell**	떨어졌다
feed	먹이를 주다	**fed**	먹이를 주었다
feel	느끼다	**felt**	느꼈다
fight	싸우다	**fought**	싸웠다
find	찾다	**found**	찾았다

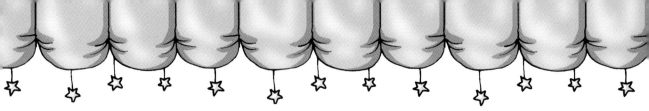

forget	잊어버리다	**forgot**	잊어버렸다
forgive	용서하다	**forgave**	용서했다
get	얻다	**got**	얻었다
give	주다	**gave**	주었다
go	가다	**went**	갔다
grow	자라다	**grew**	자랐다
hang	걸다	**hung**	걸었다
have	가지다	**had**	가졌다
hear	듣다	**heard**	들었다
hide	숨다	**hid**	숨었다
hit	치다	**hit**	쳤다
hold	잡다	**held**	잡았다
hurt	다치게 하다	**hurt**	다치게 했다
is	~이다, 하다	**was**	~였다, 했다
keep	지키다	**kept**	지켰다

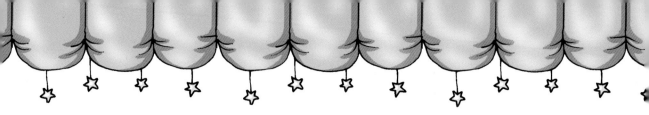

know	알다	**knew**	알았다
lay	놓다	**laid**	놓았다
lead	이끌다	**led**	이끌었다
leave	떠나다	**left**	떠났다
lend	빌려주다	**lent**	빌려주었다
let	～에게 ～하게 하다	**let**	～에게 ～하게 했다
lie	눕다	**lay**	누웠다
lose	잃어버리다	**lost**	잃어버렸다
make	만들다	**made**	만들었다
mean	의미하다	**meant**	의미하였다
meet	만나다	**met**	만났다
mistake	실수하다	**mistook**	실수했다
misunderstand	오해하다	**misunderstood**	오해했다
overcome	극복하다	**overcame**	극복했다
pay	지불하다	**paid**	지불했다

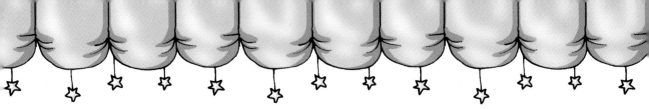

put	넣다, 놓다	**put**	넣었다, 놓았다
quit	그만두다	**quit**	그만두었다
read	읽다	**read**	읽었다
ride	타다	**rode**	탔다
ring	벨이 울리다	**rang**	벨이 울렸다
rise	일어서다	**rose**	일어섰다
run	달리다	**ran**	달렸다
say	말하다	**said**	말했다
see	보다	**saw**	보았다
sell	팔다	**sold**	팔았다
send	보내다	**sent**	보냈다
set	놓아두다	**set**	놓아두었다
shake	흔들다	**shook**	흔들었다
shine	빛나다	**shone**	빛났다
sing	노래하다	**sang**	노래했다

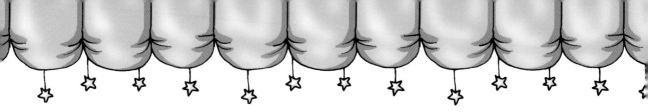

sink	가라앉다	**sank**	가라앉았다
sit	앉다	**sat**	앉았다
sleep	자다	**slept**	잤다
slide	미끄러지다	**slid**	미끄러졌다
speak	말하다	**spoke**	말했다
spend	(돈을) 쓰다, (시간을) 보내다	**spent**	(돈을) 썼다, (시간을) 보냈다
stand	서다	**stood**	섰다
steal	훔치다	**stole**	훔쳤다
sweep	쓸다	**swept**	쓸었다
swim	수영하다	**swam**	수영했다
swing	흔들다	**swung**	흔들었다
take	받다, 데리고 가다	**took**	받았다, 데리고 갔다
teach	가르치다	**taught**	가르쳤다
tear	찢다	**tore**	찢었다
tell	말하다	**told**	말했다

think	생각하다	**thought**	생각했다
throw	던지다	**threw**	던졌다
understand	이해하다	**understood**	이해했다
wake	잠이 깨다	**woke**	잠이 깼다
wear	옷을 입다	**wore**	옷을 입었다
weep	울다	**wept**	울었다
win	이기다	**won**	이겼다
will	~할 것이다	**would**	~할 것이었다
write	쓰다	**wrote**	썼다

미래 시제란 무엇일까요?

어떤 동작이 일어나는 시간이 말하는 시간보다 나중일 때 사용해요.
미래 시제는 앞으로 일어나게 될 미래를 표현하는 will을 써서 나타내요.

be동사의 미래형

be동사의 미래형은 be동사 앞에 will을 넣고 be동사는 원래의 형태(동사원형)로 바꿔 줘요.

현재	**You are hungry.**	당신은 배가 고파요.
미래	**You will be hungry.**	당신은 배가 고플 거예요.

He will be late for today's meeting. 그는 오늘 회의에 늦을 거예요.

Mom will be fine after a few days. 엄마는 며칠 후면 괜찮아질 거예요.

I will be very glad to meet you again.

나는 당신을 다시 만나면 정말 반가울 거예요.

2 일반 동사의 미래형

일반 동사의 미래형은 일반 동사 앞에 will을 넣고 일반 동사는 원래의 형태
(동사 원형)로 바꿔 줘요.

현재	**She <u>studies</u> at home.**	그녀는 집에서 공부해요.
과거	**She will <u>study</u> at home.**	그녀는 집에서 공부할 거예요.

They will visit my house tomorrow. 그들은 내일 우리 집을 방문할 거예요.

He will give presents to his family. 그는 그의 가족에게 선물을 줄 거예요.

She will go on a business trip for the weekend.
그녀는 주말에 출장을 갈 거예요.

Bonus 줄여서 쓰면 편리해요!

★ I will ▶ I'll   ★ you will ▶ you'll

★ he will ▶ he'll   ★ we will ▶ we'll

★ they will ▶ they'll   ★ will not ▶ won't

연습문제

QUIZ! QUIZ!

1 한글 해석을 읽고 빈칸에 알맞은 단어를 써 보세요.

> **보기** He will be late for today's meeting. 그는 오늘 회의에 늦을 거예요.

1) I _____ very glad to meet you again.
   나는 당신을 다시 만나면 정말 반가울 거예요.

2) Mom _____ fine after a few days.
   엄마는 며칠 후면 괜찮아질 거예요.

3) Cal _____ my house tomorrow.
   Cal은 내일 우리 집을 방문할 거예요.

4) He _____ presents to his family.
   그는 그의 가족에게 선물을 줄 거예요.

5) Mr. Kim _____ on a business trip for the weekend.
   Kim씨는 주말에 출장을 갈 거예요.

2 다음의 문장을 줄임말을 사용하여 써 보세요.

1) I will do my best.   나는 최선을 다할 거예요.

   ➡ _____

2) You will be a teacher.   너는 선생님이 될 거예요.

   ➡ _____

3) I will not be late for school.   나는 학교에 늦지 않을 거예요.

   ➡ _____

정답 1. 1) will be   2) will be   3) will visit   4) will give   5) will go
2. 1) I'll do my best.   2) You'll be a teacher.   3) I'll not be late for school.

현재 진행형 시제

현재 진행형이란 무엇일까요? ·········

어떤 동작이 지금 말하는 순간(현재)에도 진행되고 있을 때 진행형을 써요.

진행형은 '지금 ~하고 있는 중이다.'라고 말할 때 사용해요.

현재 시제에 '늘, 항상'의 의미가 들어있다면, 현재 진행에는 '지금'이란 말이 포함되어 있어요.

다음의 예제를 함께 볼까요?

 ## 현재 시제와 진행 시제의 차이

현재 시제

| I study English. | 나는 영어공부를 한다. (늘, 항상) |

진행시제는 be동사 + 동사 원형 + -ing를 써주어요.

진행 시제

What are you doing (now)?   (지금) 뭐 하고 있어?

I am studying English.   (지금) 영어를 공부하고 있어.

172

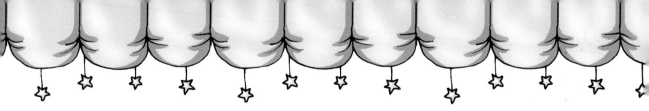

2 현재 진행형을 만드는 방법

그럼 이제 현재 진행형을 만드는 방법을 알아보도록 해요.

be동사(am, are, is)+동사+ing의 형태로 만들면 돼지요.

I do my homework.
나는 숙제를 한다.

I am doing my homework now.
나는 지금 숙제를 하고 있다.

It rains a lot in summer.
여름에는 비가 많이 내린다. (늘, 항상)

It is raining a lot now.
지금 비가 많이 내리고 있다.

It rains a lot in summer.

It is raining a lot now.

1 빈칸에 알맞은 동사의 현재 진행형을 써 보세요.

> 보기 **It is raining a lot now.** 지금 비가 많이 내리고 있다.

1) What are you _____ now?　　　지금 뭐 하고 있어?

2) I am _____ English now.　　　지금 영어를 공부하고 있어.

2 다음의 문장의 현재 진행형을 써 보세요.

> 보기 **It rains a lot in summer.** 여름에는 비가 많이 내린다.
>
> **It is raining a lot now.** 지금 비가 많이 내리고 있다.

1) I do my homework.　　　나는 숙제를 한다.

  I _____ my homework now.　　　나는 지금 숙제를 하고 있다.

2) I read a book.　　　나는 책을 읽는다.

  I _____ a book now.　　　나는 지금 책을 읽고 있다.

정답　1. 1) doing　2) studying
　　　2. 1) am doing　2) am reading

174

수동태

1 수동태의 의미와 형태

영어의 문장에는 '주어가 ~ 하다/했다'의 능동적인 문장과 '주어가 ~ 되어지다/되어졌다/당하다/당했다'라는 수동적인 문장으로 나누어져요.

Tom broke the window.　　　　　　　　[능동적인 문장 => 능동태]
주어인 Tom(탐)이 그 창문을 깨뜨렸다.

The window was broken by Tom.　　　[수동적인 문장 => 수동태]
주어인 The window(그 창문)이 Tom에 의해 깨졌다.

이렇게 능동태의 문장을 수동태로 만들려면,

① 능동태의 목적어가 수동태의 주어로 가야 해요.
② 능동태 동사의 과거분사형과 be동사가 필요해요.
③ 능동태의 주어는 수동태에서 「 by + 목적격 」으로 바꿔서 써요.

능동태	He wrote the books. 주어　　동사　　목적어	그가 그 책들을 썼다.
수동태	The books were written by him. 주어　　　　　동사	그 책들은 그에 의해 쓰였다.

 수동태의 시제

(1) 수동태의 현재

수동태의 시제는 be동사를 바꾸어서 만들어요.
현재인 경우는 「am / are / is + 과거분사」 형태로 만들어요.

능동태	Peter makes women's bags. 피터는 여자들의 가방을 만든다.
수동태	Women's bags are made by Peter. 여자들의 가방은 피터에 의해 만들어진다.

(2) 수동태의 과거

과거인 경우는 「 was / were + 과거분사 」 형태로 만들어요.

능동태	The young man caught the thief. 그 젊은 남자가 그 도둑을 잡았다.
수동태	The thief was caught by the young man. 도둑은 그 젊은 남자에 의해 잡혔다.

176

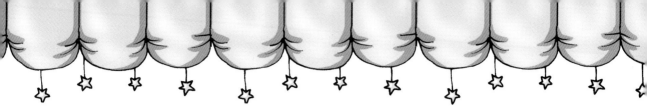

(3) 수동태의 미래

미래인 경우는 「will be +과거분사」 또는 「be going to be + 과거분사」로
만들어요.

능동태	He will teach the new class. 그가 새로운 반을 가르칠 것이다.
수동태	The new class will be taught by him. 새로운 반은 그에 의해 가르쳐질 것이다.

능동태	He is going to teach the new class. 그가 새로운 반을 가르칠 것이다.
수동태	The new class is going to be taught by him. 새로운 반은 그에 의해 가르쳐질 것이다.

(4) 조동사가 있는 경우

can(~할 수 있다), must(~해야 한다) 등의 조동사가 있는 경우는
「can / must be + 과거분사」 형태로 만들어요.

능동태	Jake can keep the secret. 제이크는 그 비밀을 지킬 수 있다.
수동태	The secret can be kept by Jake. 그 비밀은 제이크에 의해 지켜질 수 있다.

177

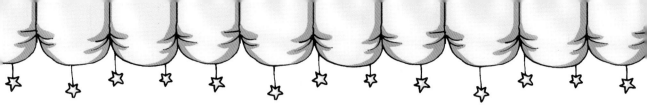

수동태의 부정문

수동태 문장에서 부정문과 의문문은 어떻게 만들까요?
문장에 be동사가 있으므로 쉽게 만들 수 있어요.

수동태 문장에서 부정문은 be동사 뒤에 부정을 나타내는 말 'not'만 넣으면
돼요.

평서문	Cindy sings the song. 신디는 노래를 부른다.
능동태 부정문	Cindy doesn't sing the song. 신디는 그 노래를 부르지 않는다.

수동태	The song is sung by Cindy. 이 노래는 신디에 의해 불린다.
수동태 부정문	The song is not sung by Cindy. 이 노래는 신디에 의해 불리지 않는다.

평서문	He wrote the books. 그는 그 책들을 썼다.
능동태 부정문	He didn't write the books. 그는 그 책들을 쓰지 않았다.

수동태	The books were written by him. 그 책들은 그에 의해 쓰였다.
수동태 부정문	The books were not written by him. 그 책들은 그에 의해 쓰이지 않았다.

178

수동태 문장에서 미래나 조동사가 있는 경우에는 조동사 뒤에 'not'을 넣으면 돼요.

평서문	He will teach the new class. 그는 새 반을 가르칠 것이다.
능동태 부정문	He will not teach the new class. 그는 새 반을 가르치지 않을 것이다.

수동태	The new class will be taught by him. 새 반은 그에 의해 가르침을 받을 것이다.
수동태 부정문	The new class will not be taught by him. 새 반은 그에 의해 가르침을 받지 않을 것이다.

평서문	Jake can keep the secret. 제이크는 그 비밀을 지킬 수 있다.
능동태 부정문	Jake can not keep the secret. 제이크는 그 비밀을 지킬 수 없다.

수동태	The secret can be kept by Jake. 그 비밀은 제이크에 의해 지켜질 수 있다.
수동태 부정문	The secret can not be kept by Jake. 그 비밀이 제이크에 의해 지켜질 수 없다.

4 수동태의 의문문

수동태의 의문문은 주어 뒤에 있는 be동사가 앞으로 가면 돼요.

평서문	Cindy sings the song.
	신디가 노래를 부른다.
능동태 의문문	A: Does Cindy sing the song?
	신디가 그 노래를 부르니?
	B: Yes, she does. / No, she doesn't.
	응, 그래. / 아니, 그렇지 않아.

수동태	The song is sung by Cindy.
	그 노래는 신디에 의해 불린다.
수동태 의문문	A: Is the song sung by Cindy?
	그 노래는 신디에 의해 불려지니?
	B: Yes, it is. / No, it isn't.
	응, 그래. / 아니, 그렇지 않아.

평서문	He wrote the books.
	그가 그 책들을 썼다.
능동태 의문문	A: Did he write the books.
	그가 그 책들을 썼니?
	B: Yes, he did. / No, he didn't.
	응, 그래. / 아니, 그렇지 않아.

180

수동태	The books were written by him.
	그 책들은 그에 의해 쓰였다.
수동태 의문문	A: Were the books written by him?
	그 책들은 그에 의해 쓰였니?
	B: Yes, they were. / No, they weren't.
	응, 그래. / 아니, 그렇지 않아.

수동태 문장에서 미래나 조동사가 있는 경우에는 조동사가 맨 앞으로 가면 돼요.

평서문	He will teach the new class.
	그는 그 새 반을 가르칠 것이다.
능동태 의문문	A: Will he teach the new class?
	그는 그 새 반을 가르칠 거니?
	B: Yes, he will. / No, he won't.
	응, 그래. / 아니, 그렇지 않아.

수동태	The new class will be taught by him.
	새 수업은 그에 의해 가르쳐질 것이다.
수동태 의문문	A: Will the new class be taught by him?
	새 수업은 그에 의해 가르쳐질 것입니까?
	B: Yes, it will. / No, it won't.
	응, 그래. / 아니, 그렇지 않아.

연습문제

1 다음의 빈칸에 알맞은 동사의 형태를 고르세요.

1) _____ she _____ by her father?

① Does - kiss ② Did - kiss ③ Was - kissed

④ Will - kiss ⑤ Were - kissed

2) A pink dress _____ not _____ by the famous actress.

① was - wear ② was - worn ③ was - wore

④ did - wear ⑤ did - worn

3) _____ the building ____ designed by Jennifer?

① Is - be ② Are - be ③ Will - be

④ Does - is ⑤ Do - is

2 다음의 문장을 지시한 대로 바꾸어 쓰세요.

1) My sister made a chocolate cake. (수동태 평서문으로)

→ _____

2) The woman didn't design this museum. (수동태 부정문으로)

→ _____

3) Will the secretary write the letters? (수동태 의문문으로)

→ _____

정답 1. 1) ③ Was - kissed   2) ② was - worn   3) ③ Will - be
2. 1) A chocolate cake was made by my sister.
    2) This museum wasn't designed by the woman.
    3) Will the letters be written by the secretary?

Section IV

문장의 형태를 알아보아요

Unit I   문장의 형태

1. 평서문
2. 의문문
3. 명령문

Unit I 문장의 형태

문장의 종류

문장은 형태에 따라 여러 종류가 있는데, 각각 다른 역할을 해요.

English is fun.	영어는 재미있다.
English isn't fun.	영어는 재미있지 않다.
Is English fun?	영어는 재미있니?

.(마침표), ?(물음표), !(느낌표) 등 문장 마지막에 사용된 부호를 보고 사실을 설명하는 문장(평서문)인지, 물어보는 문장(의문문)인지, 명령을 하는 문장(명령문)인지, 어디에 속하는지 알 수 있어요.

긍정문	English is fun.	영어는 재미있다.
부정문	English isn't fun.	영어는 재미있지 않다.
의문문	Is English fun?	영어는 재미있니?
명령문	Study English hard!	열심히 영어 공부하세요!

문장의 종류 구별 방법

영어의 문장은 형태상 평서문(긍정문·부정문), 의문문, 명령문으로
구분할 수 있어요.
이때, 문장의 '어순'으로 그 문장의 종류를 구별할 수 있어요.

긍정문	<u>He</u> <u>comes</u> from the U.S. 　주어　　동사	그는 미국 출신이다.
부정문	<u>She</u> <u>is not</u> tall. 　주어　동사+not	그녀는 키가 크지 않다.
의문문	<u>Do</u> <u>you</u> <u>like</u> chocolates? 의문조동사 주어　동사원형	너는 초콜렛을 좋아하니?
명령문	<u>Open</u> <u>the door</u>. 　동사　　　목적어	문을 열어라.

평서문

평서문이란 무엇일까요?

묻거나 명령하는 내용이 아니고, 사실을 그대로 나타내는 문장이에요.
일반적인 어순은 주어+술어이고, 문장의 끝에는 마침표(.)를 붙여요.
평서문에는 긍정문과 부정문이 있어요.

 ## 긍정문이란 무엇일까요?

긍정문은 '나는 예뻐요', '나는 친구가 많아요.' 와 같이 긍정적으로 말하는
문장이에요.

I am happy.	나는 행복하다.
This room is cold.	이 방은 춥다.
She studies Japanese.	그녀는 일본어를 공부한다.
He works hard.	그는 열심히 일한다.
I have a dictionary.	나는 사전을 가지고 있다.
We will go on a picnic this Sunday.	

우리는 이번 일요일에 소풍을 갈 것이다.

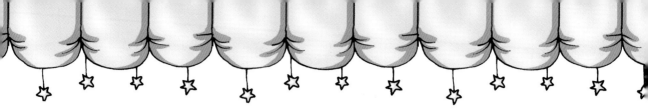

② 부정문이란 무엇일까요?

앞에서 '~는 ~이다.'라는 긍정문을 공부했어요.
그럼 '나는 예쁘지 않아요.', '나는 친구가 많지 않아요.'와 같이 '~가 아니다'
라고 부정의 뜻을 가진 문장을 말할 때도 있죠? 그때 사용하는 것이 not이에
요.

be동사나 조동사(can, will, may, must, should)가 포함된 문장을 부정문으
로 만드는 방법은 be동사나 조동사 뒤에 부정어 not을 넣으면 돼요.

 be동사 + not

> 부정어 not을 넣으면
> 부정문이 됩니다.

긍정문	I am happy.
	나는 행복하다.
부정문	I am not happy.
	나는 행복하지 않다.

> is not
> = isn't

긍정문	This room is cold.
	이 방은 춥다.
부정문	This room is not cold.
	이 방은 춥지 않다.

> are not
> = aren't

긍정문	Nina and Kevin are the same age.
	Nina와 Kevin은 같은 나이다.
부정문	Nina and Kevin are not the same age.
	Nina와 Kevin은 같은 나이가 아니다.

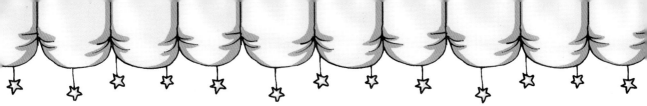

⊙⊙ 조동사 + not

긍정문	Sue can play the piano. Sue는 피아노를 칠 수 있다.
부정문	Sue cannot play the piano. Sue는 피아노를 칠 수 없다.

긍정문	I will play soccer tomorrow. 나는 내일 축구를 할 것이다.
부정문	I will not play soccer tomorrow. 나는 내일 축구를 하지 않을 것이다.

긍정문	You should do your homework. 너는 숙제를 해야 한다.
부정문	You should not do your homework. 너는 숙제를 해서는 안 된다.

Bonus 줄여서 쓰면 편리해요!

- ★ cannot ○ can't
- ★ will not ○ won't
- ★ should not ○ shouldn't

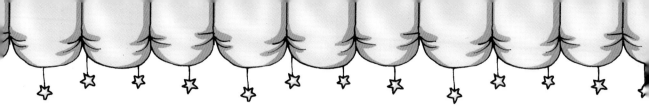

 ## 일반 동사의 부정문

일반 동사(조동사와 be동사를 제외한 나머지 모든 동사)의 경우에는 일반
동사의 뒤에 not을 넣는 것이 아니라 do의 도움을 받아 부정문을 만들어요.

「do/ does/ did + not + 동사원형」
이때,

주어가 I, You, They 또는 복수명사일 경우	do(did) + not + 동사원형
주어가 He, She, It 또는 단수명사일 경우	does(did) + not + 동사원형

긍정문	I have a dictionary. 나는 사전을 가지고 있다.
부정문	I do not have a dictionary. 나는 사전을 가지고 있지 않다.

> do not
> = don't

긍정문	You know the answer. 너는 정답을 안다.
부정문	You do not know the answer. 너는 정답을 알고 있지 않다.

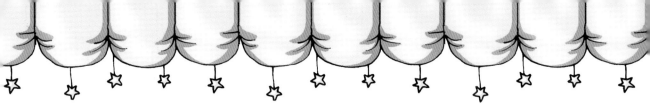

긍정문	Amanda comes to school by bus.
	Amanda는 버스를 타고 학교에 온다.
부정문	Amanda does not come to school by bus.
	Amanda는 버스를 타고 학교에 오지 않는다.

does not = doesn't

긍정문	They went to Europe last year.
	그들은 작년에 유럽에 갔다.
부정문	They did not go to Europe last year.
	그들은 작년에 유럽에 가지 않았다.

did not = didn't

Bonus 줄여서 쓰면 편리해요!

★ **do not ○ don't**
You don't know the answer.

★ **does not ○ doesn't**
Amanda doesn't come to school by bus.

★ **did not ○ didn't**
They didn't go to Europe last year.

QUIZ! QUIZ!

1 다음을 읽고 괄호 안에 알맞은 말을 써 보세요.

> 영어의 문장에서 '나는 예쁘다', '나는 친구가 많다'와 같이 긍정적
> 으로 말하는 문장을 (1   )이라고 해요. 반대로 '나는 키
> 가 크지 않다', '나는 학생이 아니다'처럼 부정적으로 말하는 문장
> 을 (2   ) 이라고 해요.

2 다음 문장 중에서 긍정문이 아닌 것을 골라 보세요. (   )

1) I am happy.   나는 행복하다.
2) This room is cold.   이 방은 춥다.
3) I am not happy.   나는 행복하지 않다.
4) She can play the piano. 그녀는 피아노를 칠 수 있다.

3 다음의 긍정문을 부정문으로 만드세요. (줄임말로 써 보세요.)

> **보기** **I will play soccer.**   나는 축구를 할 것이다.
> ➡ **I won't play soccer.**   나는 축구를 하지 않을 것이다.

1) This room is cold.   이 방은 춥다.
    ➡ _____ 이 방은 춥지 않다.
2) I have a dictionary.   나는 사전을 가지고 있다.
    ➡ _____ 나는 사전을 가지고 있지 않다.
3) They are the same age.   그들은 같은 나이이다.
    ➡ _____ 그들은 같은 나이가 아니다.

정답 1. 1) 긍정문 2) 부정문   2. 3)
3. 1) This room isn't cold.
   2) I don't have a dictionary.
   3) They aren't the same age.

의문문

의문문이란 무엇일까요? ··········

'당신은 예뻐요?', '당신은 친구가 많나요?'와 같이 모르는 사실에 관해 '~인지, 아닌지'를 상대방에게 물어볼 때 사용하는 문장이 의문문이에요. 문장 끝에는 물음표 (?)가 와요.

 ## be동사와 조동사의 의문문

그럼 의문문을 만들어 볼까요?

영어에서 의문문을 만들 때에는 평서문과 달리 어순이 술어+주어로 자리를 바꾸면 돼요.

평서문	You are busy.	너는 바쁘다.
의문문	Are you busy?	너는 바쁘니?

평서문	Cathy can drive a car.	Cathy는 차를 운전할 줄 안다.
의문문	Can Cathy drive a car?	Cathy는 차를 운전할 줄 아니?

192

 Yes 또는 No로 대답할 수 있는 의문문

동사나 조동사가 문장의 맨 앞에 온 의문문은 Yes 또는 No로 대답해요.

Are you busy? 너는 바쁘니?

Yes, I am. 응, 난 바빠.　　No, I'm not. 아니, 난 바쁘지 않아.

Can Cathy drive a car?
Cathy는 차를 운전할 줄 아니?

Yes, she can.　　　　No, she can't.
응, 그녀는 운전을 해.　　아니, 그녀는 운전할 줄 몰라.

Is he strong? 그는 강하니?

Yes, he is.　　　No, he isn't.
예, 그래요.　　　아니오, 그렇지 않아요.

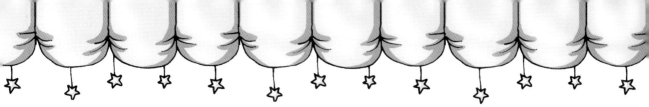

일반 동사의 의문문

be동사와 조동사를 제외한 일반적인 동사들은 의문문을 만들기 위해 동사 자신이 맨 앞으로 나가지 못하고 do(의문 조동사)의 도움을 받아야 해요.

> 의문 조동사 DO가
> 필요해요.

평서문	**You** like **playing cards.** 너는 카드 놀이를 좋아한다.
의문문	**Do you** like **playing cards?** 너는 카드 놀이를 좋아하니?

평서문	**They** write **a letter to their mom.** 그들은 엄마에게 편지를 쓴다.
의문문	**Do they** write **a letter to their mom?** 그들은 엄마에게 편지를 쓰니?

 이 때, 주어가 3인칭 단수(He, She, It)일 경우에는 does의 도움을 받아 의문문을 만들되 동사원형을 써 줘야 해요.

평서문	He has a brother.	그는 남동생이 있다.
의문문	Does he <u>have</u> a brother? 동사 원형	그는 남동생이 있니?

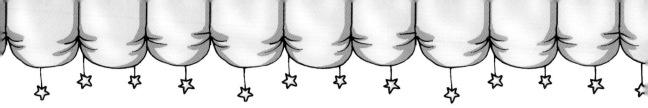

평서문	**Connie collects hats.**	Connie는 모자를 수집한다.
의문문	**Does Connie <u>collect</u> hats?** 동사 원형	Connie는 모자를 수집하니?

평서문	**It grows very fast.**	그것은 아주 빨리 자란다.
의문문	**Does it <u>grow</u> very fast?** 동사 원형	그것은 아주 빨리 자라니?

의문문의 대답

대답할 때는 항상 주어를 대명사 형태로 써야 해요. 아래의 예문을 함께 볼까요?

Is that dress beautiful? 저 드레스가 아름답니?

Yes, it is. 예, 그래요.　　　**No, it isn't.** 아니오, 그렇지 않아요.

Are these tomatoes? 이것들은 토마토니?

Yes, they are.
예, 그래요.

No, they aren't.
아니오, 그렇지 않아요.

3 의문사가 있는 의문문

무엇이? 무엇을? 누가? 언제? 어느 것이? 어떻게? 왜?와 같이 궁금한 점을 꼬집어서 모르는 사실을 물어보고 싶을 때도 있어요. 이렇게 물어볼 때 필요한 말이 의문사예요. 이럴 때 의문문은 의문사(who, what, which, where, when, why, how)로 항상 문장을 시작해요. 의문사로 시작되는 의문문은 Yes, No로 대답할 필요 없이 물은 것에 대한 대답만 하면 돼요.

그럼 이제 의문사를 이용하여 어떻게 의문문을 만드는지 알아볼까요?

1. be동사(am, are, is)가 있을 경우

> 먼저 의문사가 맨 앞에 오고 그 뒤에 be동사가 와요.

This is a book. 이것은 책이야.

What is this? 이것은 무엇인가요?

2. 일반동사가 있을 경우

> 의문사가 맨 앞에 오고 그 다음에 do(does)를 넣어요.

You have a book. 나는 책을 가지고 있다.

What do you have? 너는 무엇을 가지고 있니?

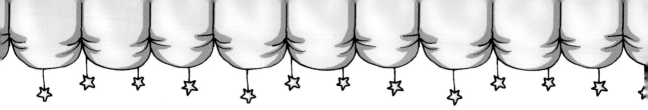

4 의문사가 있는 의문문의 예들

그럼 이제 의문사(who, what, which, where, when, why, how)를 이용한 의문문을 살펴볼까요?

 Who 의문문

'저 사람 누구지?'하고 물어 볼 때 의문사 Who를 사용해요.

Who is that boy over there?	저기 저 남자아이는 누구지?
Who knows the answer?	누가 답을 알고 있지?

 What 의문문

'이것은 무엇이야?'하고 무엇에 관하여 물을 때 의문사 what을 사용해요.

What is your hobby?	너의 취미는 무엇이니?
What does Tom have in his hand?	Tom이 손에 갖고 있는 것은 무엇이야?

 which 의문문

의문사 which를 사용해서도 사물에 관하여 물을 수 있어요.

Which is your car?	어느 것이 너의 차니?
Which is the most expensive?	어느 것이 가장 비싸요?

 ## Where 의문문

장소에 관하여 물을 때는 의문사 where를 사용해요.

Where is the gas station?   주유소는 어디 있어?

Where do you want to meet?   너는 어디서 만나고 싶어?

 ## When 의문문

시간에 관하여 물을 때는 when을 사용해요.

When is your birthday?   너의 생일은 언제니?

When are you going to leave?   너는 언제 떠날 거야?

 ## Why 의문문

이유를 물을 때는 의문사 why를 사용해요.

Why are you so angry at me?   너 왜 나한테 그렇게 화가 났니?

Why do you study English so hard? 너 왜 영어를 그렇게 열심히 공부하니?

how 의문문

의문사 how를 사용해서 방법이나 수단 또는 상태를 물을 수 있어요.

How do you go home?   너는 집에 어떻게 가니?(방법·수단)

How are you?   어떻게 지내니?(상태)

198

5 how 의문문의 여러 가지 표현들

how는 앞에서 공부한 것처럼 '어떻게'라는 뜻 말고, how 뒤에 형용사가 붙으면 '얼마나 ~한'이란 뜻이 돼요. 이 때 어떤 형용사가 붙느냐에 따라 다양한 뜻을 만들 수 있어요. 예문을 통해서 함께 알아볼까요?

 수(셀 수 있는 명사)가 적고 많음을 나타내는 How many

How many brothers do you have?

남자 형제가 몇이나 있습니까?

 양(셀 수 없는 명사)이 적고 많음 또는 가격을 물어볼 때 How much

How much is it?　　　　　　　　얼마입니까?

 신장을 물어볼 때 How tall

How tall are you?　　　　　　　당신은 키가 얼마나 됩니까?

나이를 물어볼 때 How old

How old is your sister?　　　　당신 여동생은 몇 살입니까?

높이를 물어볼 때 How high

How high is that mountain?　　　저 산은 높이가 얼마나 됩니까?

길이를 물어볼 때 How long

How long is this bridge?　　　이 다리는 길이가 얼마나 됩니까?

빈도나 횟수를 물어볼 때 How often

How often do you write to your parents?

당신은 얼마나 자주 부모님께 편지를 씁니까?

거리를 물어볼 때 How far

How far is it from here to the airport?

여기서 공항까지는 거리가 얼마나 됩니까?

200

연습문제

 다음을 읽고 괄호 안에 알맞은 말을 써 보세요.

> '당신은 예뻐요?', '당신은 친구가 많나요?'와 같이 잘 모르는 사실
> 에 대해 상대방에게 물어볼 때 사용하는 문장이 (1)이
> 에요. 문장 끝에는 물음표(?)가 와요. 평서문(긍정문이나 부정문)
> 에서 주어와 술어의 위치를 바꾸거나 문장 앞에 do나 does를 써
> 서 혹은 (2)를 이용하여 (3)을 만들 수 있어요.

2 다음의 평서문을 의문문으로 만드세요.

보기 **You are busy.** 너는 바쁘다. ➡ **Are you busy?** 너는 바쁘니?

1) He can drive a car. 그는 운전할 수 있다.

➡ _____

2) He has a brother. 그는 남동생이 있다.

➡ _____

 다음 문장에 Yes와 No로 모두 답해 보세요.

보기 **Are you busy?** 너는 바쁘니?
➡ **Yes, I am. / No, I'm not.**

1) Is that dress beautiful? 저 드레스가 아름답니?

➡ Yes,_____ / No, _____

2) Can he drive a car? 그는 차를 운전할 줄 아니?

➡ Yes,_____ / No, _____

정답 1. 1) 의문문   2) 의문사   3) 의문문
2. 1) Can he drive a car?   2) Does he have a brother?
3. 1) it is / it isn't   2) he can / he can't

명령문

명령문이란 무엇일까요?

아주 지저분한 내 방을 보면서 엄마는 뭐라고 하시나요?
수업시간에 떠들고 있는 나에게 선생님은 뭐라고 하시나요?
'청소해라!', ' 조용히 해!'
이렇게 상대방에게 '~해라!'라고 말하는 문장을 명령문이라고 해요.
명령문은 항상 동사원형으로 시작하고, 항상 내 앞의 상대방(you)에게 명령하기
때문에 주어 You는 생략해요.

 명령문 만드는 방법

그럼 이제 명령문을 만들어 볼까요?
am, are, is는 be로, 다른 동사들은 원래의 형태(동사원형)로 쓰면 돼요.

You are a good boy.	너는 착한 아이야.
➡ Be a good boy.	착한 아이가 되어라.

You go to bed.	너는 잠을 자러 간다.
➡ Go to bed.	잠 자러 가거라.

202

You speak very slowly.   너는 아주 천천히 말한다.

→ Speak very slowly.   아주 천천히 말해라.

 ## 부정 명령문 만들기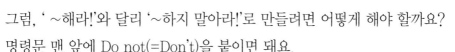

그럼, '~해라!'와 달리 '~하지 말아라!'로 만들려면 어떻게 해야 할까요?
명령문 맨 앞에 Do not(=Don't)을 붙이면 돼요.

Go to bed.   잠 자러 가라.

→ Don't go to bed.   잠 자러 가지 말아라.

Speak very slowly.   아주 천천히 말해라.

→ Don't speak very slowly.   너무 천천히 말하지 말아라.

Close the door.   문을 닫아라.

→ Don't close the door.   문을 닫지 말아라.

③ 권유문 만들기

'~해라!', ' ~하지 말아라!'라고 상대방에게 행동을 명령하는 명령문과 달리 상대방과 내가 함께 행동하도록 '~하자.'하고 제안하는 문장을 권유문이라 고 해요.

권유문은 명령문 앞에 Let's를 붙이면 돼요.

명령문 Speak very slowly. 아주 천천히 말해라.

권유문 Let's speak very slowly. 아주 천천히 말하자.

명령문 Move quickly. 빨리 움직여라.

권유문 Let's move quickly. 빨리 움직이자.

Let's move quickly.

여러분! 이제, 영어 공부하기 싫어하는 동생이나 친구에게 'Study English hard.(영어 공부 열심히 해!)'라고 명령하지 않고 'Let's study English hard with this book.(이 책으로 영어 공부 열심히 하자.)'하고 권 유할 수 있겠죠?

연습문제

QUIZ! QUIZ!

1 다음을 읽고 괄호 안에 알맞은 말을 써 보세요.

> 상대방에게 '~해라'라고 말하는 문장을 (1)   )이라고
> 해요. (2)   )은 항상 동사원형으로 시작하고, 주어는 일
> 반적으로 따로 말하지 않아요. am, are, is는 (3)   )로
> 문장 맨 앞에 쓰고, 다른 동사들은 원래의 형태로 쓰면 돼요.

2 다음 문장들을 명령문으로 만드세요.

보기 **You are a good boy. ➡ Be a good boy.**
너는 착한 아이다.   착한 아이가 돼라.

1) You are careful.   너는 조심한다.

   ➡ _____ 조심해.

2) You speak very slowly.   너는 아주 천천히 말한다.

   ➡ _____ 아주 천천히 말해라.

3 다음 문장들을 부정 명령문으로 만드세요

보기 **Go to bed. ➡ Don't go to bed.** 잠자러 가지 말아라.

1) Speak very slowly.   아주 천천히 말해라.

   ➡ _____ 너무 천천히 말하지 말아라.

2) Close the door.   문을 닫아라.

   ➡ _____ 문을 닫지 말아라.

정답 1. 1) 명령문   2) 명령문   3) be동사
2. 1) Be careful.   2) Speak very slowly.
3. 1) Don't speak very slowly.   2) Don't close the door.

알파벳 그림표

Aa
에이

Bb
비-

Cc
씨-

Dd
디-

Ee
이-

Ff
에프

Gg
쥐-

Hh
에이취

I i
아이

J j
줴이

Kk
케이

Ll
엘

Mm 엠	**Nn** 엔	**Oo** 오우
Pp 피-	**Qq** 큐-	**Rr** 아-르
S s 에스	**Tt** 티-	**Uu** 유-
Vv 븨-	**Ww** 더블유	**Xx** 엑스
Yy 와이	**Zz** 지-	

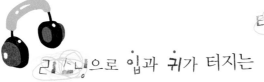

English conversation

리스닝으로 입과 귀가 터지는

영어 회화 36

개정판

- 36개의 다양한 상황 대화들을 통해 일상 회화를 익힌다.
- 언어 습득의 첫 과정인 듣기(Listening)로 영어의 자신감을 키운다.

 영어의 첫걸음은 듣기(Listening)로부터

- 특목고나 유학을 미리미리 준비하는 듣기 교재.
- TOEFL나 IBT 등 영어 능력 평가 시험 대비 교재.
- 네이티브 스피커가 녹음한 Mp3로 듣기 실력을 향상시킬 수 있는 교재.

1. **꼭 알아야 할 표현들** 다양한 상황에서 나올 수 있는 표현들을 익혀요.
2. **Listening Dialogue** 기본적인 대화 표현을 네이티브 스피커로 듣고 익혀요.
3. **기본표현** 실생활에서 가장 기본이 되는 표현들을 익혀요.
4. **Listening Test** 듣기 테스트를 통해 복습하고 피드백해요.

영어의 기초를 다져 주는

magic 시리즈

영어 문법

개정판 2

워크북

국제어학연구소

SECTION I 영어 문장을 알아 보아요

    UNIT I
    1. 주어   3
    2. 술어   5
    3. 목적어   7
    4. 보어   9

    UNIT II
    1. 1형식(주어+술어)   11
    2. 2형식(주어+술어+보어)   13
    3. 3형식(주어+술어+목적어)   15
    4. 4형식(주어+술어+간목+직목)   17
    5. 5형식(주어+술어+목적어+목적보어)   19

SECTION II 품사를 알아 보아요

    UNIT I
    품사가 궁금해요

    UNIT II
    1. 명사   21
    2. 대명사   24
    3. 관사   27
    4. 동사   28
    5. 조동사   31
    6. 형용사   33
    7. 부사   36
    8. 접속사   38
    9. 전치사   40
    10. 감탄사   41

SECTION III 시제를 알아 보아요

    UNIT I
    1. 현재시제   42
    2. 과거시제   44
    3. 미래시제   47
    4. 현재 진행형 시제   49

SECTION IV 문장의 형태를 알아 보아요

    UNIT I
    1. 평서문   50
    2. 의문문   52
    3. 명령문   55

    ■해답   57

SECTION Ⅰ 영어 문장을 알아 보아요

UNIT Ⅰ 교재 p.23~27   **1. 주어**

A 빈 칸에 알맞은 대명사 주어를 찾으세요.

1. _____ is my teacher. 그는 나의 선생님이다.
   ① That   ② We   ③ He   ④ She

2. _____ am sleep now. 나는 지금 졸리다.
   ① Mom   ② I   ③ John   ④ You

3. _____ can't play the violin. 당신은 바이올린을 켤 수 없어요.
   ① You   ② The cat   ③ That   ④ It

B 밑줄 친 부분이 주어로 쓰인 문장을 찾으세요.

1. ① Min-ji has three sisters.   ② She doesn't work hard.
   ③ I walk to school.   ④ He catches a ball.

2. ① Does Mike eat dinner?   ② It is cold.
   ③ She watches TV.   ④ They play on the seesaw.

3. ① You are smart.   ② John is in front of Peter.
   ③ Tom drinks much water.   ④ I want a pretty girl friend.

C 다음 문장에서 주어를 골라 보세요.

1. Is it a chair?
   ① a   ② Is   ③ it   ④ chair

2. Susie doesn't know my number.
   ① my   ② Susie   ③ number   ④ know

3. I am hungry now.
   ① I   ② now   ③ am   ④ hungry

D 보기처럼 다음 문장에서 주어를 찾아서 써 보세요.

> 보기 **She is a fashion model.**   주어: **She**

1. Tom gave me a doll.   주어: _____

2. The lady saw him this afternoon.   주어: _____

3. Hamburger is my favorite food.   주어: _____

4. His voice is cool.   주어: _____

5. Science is very interesting.   주어: _____

6. This book is mine.   주어: _____

E 주어진 문장에서 주어를 찾아 밑줄을 긋고, 그에 해당하는 대명사 주어를 빈 칸에 쓰세요.

> 보기 **The boy can swim.**   대명사 주어: **He**

1. I and Nancy are go to school together.   대명사 주어: _____

2. This comic book is interesting   대명사 주어: _____

3. My sister is a good cook.   대명사 주어: _____

4. Susie and Judy hate spiders.   대명사 주어: _____

5. Pizza is delicious.   대명사 주어: _____

6. John is taller than his father.   대명사 주어: _____

A 주어에 맞는 술어를 찾으세요.

1. Mary _____ an American girl.
   ① are   ② is   ③ am   ④ were

2. I _____ in New York now.
   ① was   ② were   ③ is   ④ am

3. There _____ big dogs in the yard.
   ① are   ② was   ③ is   ④ am

B 밑줄 친 부분이 술어로 쓰인 문장을 찾으세요.

1. ① She was <u>wise</u>.   ② He finished <u>painting the picture</u>.
   ③ Don't <u>jump</u> on the bed.   ④ The cat is <u>in the box</u>.

2. ① The girl <u>wears</u> a ring.   ② <u>Sam</u> likes animals.
   ③ <u>Penguins</u> can not fly.   ④ I got up <u>late</u>.

3. ① They <u>always</u> cry.   ② We <u>need</u> a pencil.
   ③ Pick up <u>your bags</u>!   ④ Her hair is <u>long</u>.

C 다음 문장에 들어갈 수 <u>없는</u> 술어를 찾으세요.

1. You _____ a nurse.
   ① are   ② were   ③ was   ④ will be

2. Jenny _____ beside the stove.
   ① was   ② sleeps   ③ isn't   ④ sleep

3. Kelly _____ hard.
   ① did not study   ② studied   ③ study   ④ studies

4. My dad _____ cold medicine.
   ① took   ② take   ③ takes   ④ will take

D 보기처럼 다음 문장에서 술어를 찾아서 써 보세요.

> 보기 **He goes to this school.** 　　술어: **goes**

1. We sometimes go to the movies. 　술어: _____

2. I finish my homework. 　술어: _____

3. She showed us a picture. 　술어: _____

4. A broom is behind the door. 　술어: _____

5. I was tired today. 　술어: _____

6. It smells good. 　술어: _____

E 주어진 문장에서 잘못된 술어를 찾아 밑줄을 긋고, 알맞은 술어를 빈 칸에 쓰세요.

> 보기 **She can <u>reads</u> Chinese.** 　술어: **read**

1. He teach us English. 　술어: _____

2. I are very slim. 　술어: _____

3. Am the book yellow? 　술어: _____

4. There was not any books in the room. 　술어: _____

5. You study English yesterday. 　술어: _____

6. My family will went on a picnic. 　술어: _____

A 다음 문장에서 목적어를 골라 보세요.

1. I never watch horror movies.
   ① never   ② I   ③ horror movies   ④ watch

2. Did he eat cookies?
   ① cookies   ② Did   ③ he   ④ eat

3. My mom will cook beef stew for lunch.
   ① My mom   ② for lunch   ③ will cook   ④ beef stew

B 밑줄 친 부분이 목적어로 쓰인 문장을 찾으세요.

1. ① I don't like onions.   ② He has a nice CD player.
   ③ She bought a pencil.   ④ The birds fly low.

2. ① Shall I open the window?   ② I sliced an onion.
   ③ I watched a dancing snake in India.
   ④ We feel like going to Everland.

3. ① We gathered empty bottles.   ② The floor is dirty.
   ③ What do you do on Sunday?   ④ I'll turn off the light.

C 다음 문장을 보고 밑줄 친 목적어의 형태가 다른 것을 고르세요.

1. ① Monkeys eat fruits and insect.   ② Sam draws a face.
   ③ I look Jane next to the tree.   ④ We're calling him now.

2. ① Did you meet her?   ② I seldom play tennis.
   ③ Mom teaches us English.   ④ He hit me first.

3. ① They like making chairs.   ② We made a boat.
   ③ I cannot answer his question.   ④ My dad has a car.

D 보기처럼 다음 문장에서 간접목적어와 직접목적어를 찾아서 써 보세요.

(보기) **Tom bought me this book.** 간접목적어: **me** 직접목적어: **this book**

1. Sam gave her a birthday present.

간접목적어:
직접목적어:

2. Mother made me a new dress.

간접목적어:
직접목적어:

3. I will buy him a bike.

간접목적어:
직접목적어:

4. She sends them a kind letter every month.

간접목적어:
직접목적어:

5. I'll get you something to eat.

간접목적어:
직접목적어:

6. I can tell you his name.

간접목적어:
직접목적어:

E 보기처럼 주어진 문장에서 목적어를 찾아 밑줄을 긋고, 그에 해당하는 대명사 목적어를 빈 칸에 쓰세요.

(보기) **I met <u>my friend Paul</u> in Europe.** 대명사 목적어: **him**

1. My father collected many coins.

대명사 목적어:

2. He lost his house key.

대명사 목적어:

3. Do you know Mary well?

대명사 목적어:

4. The ball hit me and my friend.

대명사 목적어:

A 다음 문장에서 보어를 골라 보세요.

1. She will be a great writer.
   ① will   ② a great writer   ③ be   ④ She

2. The gloves are not his.
   ① are   ② The gloves   ③ his   ④ not

3. They are not happy.
   ① happy   ② are   ③ They   ④ not

B 밑줄 친 부분이 보어로 쓰인 문장을 찾으세요.

1. ① My dad took cold medicine.   ② Do I look fat?
   ③ Susie is a funny girl.   ④ He drives carefully.

2. ① Did you have your room?   ② Sam has yours.
   ③ I saw him stealing the money.
   ④ These flowers are for you.

3. ① Your ears are red.   ② How is the food?
   ③ Put your bag under the seat. ④ I don't exercise hard.

C 빈 칸에 알맞은 대명사 보어를 찾으세요.

1. This pencil is _____ .   이 연필은 나의 것이에요.
   ① my   ② me   ③ mine   ④ ours

2. Notebooks are _____ .   공책은 그녀의 것이에요.
   ① her   ② hers   ③ his   ④ theirs

3. The bag is _____ .   그 가방은 우리의 것이야.
   ① ours   ② us   ③ yours   ④ his

D 보기처럼 다음 문장에서 보어를 찾아서 써 보세요.

    보기 **It looks spicy.**   보어: **spicy**

1. Johnson became a reporter.   보어: _____

2. Is that wallet expensive?   보어: _____

3. It is getting dark.   보어: _____

4. This is my MP3 player.   보어: _____

5. Our cat is so cute.   보어: _____

6. The gloves are yours.   보어: _____

E 밑줄 친 부분을 보기처럼 대명사 보어로 바꿔 쓰세요.

    보기 **That is her ball.**   대명사 보어: **hers**

1. They are her hairpins.   대명사 보어: _____

2. It is our money.   대명사 보어: _____

3. Those are my earrings.   대명사 보어: _____

4. Are these our T-shirts?   대명사 보어: _____

5. These are not my boots.   대명사 보어: _____

6. Sam has their watches.   대명사 보어: _____

A   다음 문장에서 1형식 문장을 골라 보세요.

1. ① They enjoy climbing the mountains.
   ② We are in the garden.
   ③ The hill behind his house is wonderful.
   ④ He made her angry.

2. ① The soup tastes sweet.
   ② We make that shoes.
   ③ I gave a doll to her.
   ④ He will arrive soon.

3. ① My cat sleeps on the sofa.
   ② We remember his birthday.
   ③ Susan invited them to her party.
   ④ They are forks and knives.

B   다음 1형식 문장에 들어갈 수 <u>없는</u> 것을 골라 보세요.

1. I run _____.
   ① fast   ② him   ③ on the playground   ④ with my friend

2. It snowed _____.
   ① much   ② during the night   ③ heavily last week   ④ now

3. We will _____.
   ① move   ② move tomorrow   ③ study English   ④ arrive soon

C   주어와 술어만으로 문장이 성립되지 <u>않는</u> 것을 고르세요.

1. ① Mom knows.   ② The birds sing.
   ③ They came.   ④ We feel.

2. ① My puppy sleeps.   ② I like.
   ③ The earth moves.   ④ He woke up.

D 다음은 1형식 문장이에요. 문장에서 주어와 술어를 찾아봐요.

1. He swims in the river.

주어: _____
술어: _____

2. They never smile.

주어: _____
술어: _____

3. It is snowing now.

주어: _____
술어: _____

4. There was a tree near the lake.

주어: _____
술어: _____

5. Mom goes to the department store.

주어: _____
술어: _____

6. You are in the room.

주어: _____
술어: _____

E 1형식 문장들입니다. 다음 빈칸에 들어갈 알맞은 말을 보기에서 골라 쓰세요.

보기 yesterday, with him, I, came, is, at the library

1. She _____ downstairs.   그녀는 아래층에 있다.

2. Jack was _____.   잭은 도서관에 있었다.

3. We swam _____.   우리는 어제 수영했다.

4. She _____ to see me.   그녀는 나를 만나러 왔다.

5. _____ stayed at home all day. 나는 온종일 집에 있었다.

6. I cannot go _____.   난 그와 같이 갈 수 없어.

12

A 다음 문장에서 2형식 문장을 골라 보세요.

1. ① The house looks beautiful.
   ② You like action movies.
   ③ I'm eating lunch.
   ④ Do you swim well?

2. ① The cat is under the table.
   ② They want fried chicken.
   ③ I am getting stronger.
   ④ We can use computer in school.

3. ① They play together.
   ② We are making a snowman.
   ③ Eric has a girl friend.
   ④ His son will be a scientist.

B 다음 문장에서 밑줄 친 보어의 형태가 <u>다른</u> 것을 골라 보세요.

1. ① I was <u>busy</u>.　　　　　② The clothes is <u>hers</u>.
   ③ My boyfriend is <u>tall</u>.　④ You were <u>great</u>.

2. ① Those are <u>his erasers</u>.　② She looks <u>pretty</u>.
   ③ John is <u>my brother</u>.　　④ Lucy became <u>a teacher</u>.

C 다음 문장에 알맞은 보어를 골라 보세요.

1. It was _____ yesterday.　　어제는 추웠어.
   ① hot　　　　② cool　　　　③ nice　　④ cold

2. The cake tastes _____ .　　케이크에서 단맛이 나.
   ① bitter　　　② good　　　　③ sour　　④ sweet

3. My daughter is a(an) _____ .　내 딸은 아나운서이다.
   ① hairdresser　② announcer　③ cook　④ dancer

D 다음은 2형식 문장이에요. 문장에서 보어를 찾아봐요.

1. They are rude.　　　　　보어:

2. I'm not a child.　　　　보어:

3. Are your friends funny?　보어:

4. His music sounds soft.　보어:

5. Are you Canadian?　　　보어:

6. He is a kind person.　　보어:

7. The girl with red hair is my sister.　보어:

8. I am an elementary school student.　보어:

E 다음 2형식 문장에서 보기와 같이 보어를 찾아 동그라미하세요.

보기 That sounds (great.)

1. The boys were very silent.

2. These trees grew bigger in summer.

3. It looks like rain.

4. They look angry.

5. The books on the desk are mine.

6. He and I are good friends.

14

A 다음 문장에서 3형식 문장을 골라 보세요.

1. ① My room is smaller.
  ② Mary took pictures at the zoo.
  ③ We are twins.
  ④ Cars can not enter here.

2. ① We saw him talking.
  ② I will decorate the Christmas tree.
  ③ Tom sits in front me.
  ④ It is ours.

3. ① The dog is running.
  ② My mother is sick.
  ③ They read comic books on Sundays.
  ④ The baby doesn't smile at him.

B 다음 문장에서 목적어의 형태가 <u>다른</u> 것을 골라 보세요.

1. ① Fat women are riding scooters.   ② I will bring cookies.
  ③ Susie lost a ring.   ④ They helped you.

2. ① Why does he hate me?   ② Jenny took me to the park.
  ③ My uncle drives his truck.   ④ He loves you so much.

C 다음 문장에 알맞은 목적어를 골라 보세요.

1. I will make _____ on her birthday. 나는 그녀의 생일에 케이크를 만들 거예요.
  ① a cake   ② hamburgers   ③ bread   ④ pizza

2. Su-mi bought _____.   수미는 스웨터를 샀다.
  ① a shirt   ② a sweater   ③ a skirt   ④ a coat

3. My grandfather always has _____ at noon.
나의 할아버지는 항상 정오에 점심을 드세요.
  ① dinner   ② breakfast   ③ lunch   ④ cocoa

D 다음은 3형식 문장이에요. 문장에서 목적어를 찾아봐요.

1. She cleaned her room.   목적어:

2. We can't ride a bike.   목적어:

3. Ann likes noodles.   목적어:

4. Aunt made pizza.   목적어:

5. They are playing Lineage.   목적어:

6. My cousin wants a cat or a dog.   목적어:

E 다음 문장의 의미가 통하도록 보기에서 골라 빈 칸에 쓰세요.

보기 bats   a newspaper   birthday
     glasses   children   shopping

1. Perry likes _____ .   페리는 아이들을 좋아한다.

2. We need three baseball_____ .   우리는 야구 방망이 세 개가 필요해요.

3. She is wearing my _____ .   그녀는 내 안경을 쓰고 있어요.

4. Tony didn't remember her _____ .   토니는 그녀의 생일을 기억하지 못했다.

5. My sister likes_____ .   우리 언니는 쇼핑을 좋아해.

6. Father reads _____ every morning.
아버지는 매일 아침 신문을 읽으십니다.

A 다음 문장에서 4형식 문장을 골라 보세요.

1. ① She has a son.   ② I will make you a new suit.
　③ You worked at the hospital.   ④ He wears glasses.

2. ① Min-ji is crying.   ② We need apples.
　③ I gave her some money yesterday.
　④ The squirrels go on a picnic.

3. ① We are policemen.   ② They have two daughters.
　③ Would you bring me a small box?
　④ The birds fly over the clouds.

B 문장에서 밑줄 친 목적어의 형태가 <u>다른</u> 것을 골라 보세요.

1. ① Please tell <u>me</u> the way to the library. ② Do you want <u>a cat</u>?
　③ She sent <u>him</u> a package.   ④ He gave <u>me</u> some ice.

2. ① We gave <u>her</u> a necklace.
　② She is playing <u>the flute</u> loudly.
　③ Mr. Carter made <u>me</u> this pie.
　④ Mother bought <u>me</u> a baseball cap.

C 다음 문장에 알맞은 목적어를 골라 보세요.

1. My teacher reads me _____.   선생님은 저에게 시를 읽어 주신다.
　① a comic book   ② a newspaper   ③ a book   ④ a poem

2. Mi-na bought her mother _____.   미나는 엄마께 반지를 사 드렸다.
　① earings   ② clothes   ③ shoes   ④ a ring

3. He showed me his _____.   그는 나에게 여권을 보여줬다.
　① picture   ② passport   ③ letter   ④ cup

D 다음은 4형식 문장이에요. 문장에서 간접목적어를 찾아 빈 칸에 쓰세요.

1. My sister passed Joe the salt.　　　간접목적어: _____

2. The man shows me a catalog.　　　간접목적어: _____

3. She taught him math.　　　간접목적어: _____

4. They showed Sally their room.　　　간접목적어: _____

5. I'll tell you a funny story.　　　간접목적어: _____

6. He gave me a diary.　　　간접목적어: _____

E 다음 4형식 문장에서 보기처럼 간접목적어에는 밑줄, 직접목적어에는 동그라미를 하세요.

（보기） Ted gave me a doll.

1. Su-mi showed you a new jacket.

2. Dan made me a teddy bear.

3. Nancy lent him his bicycle.

4. Aunt bought her MP3 player.

5. I made my friend clothes.

6. I made Julie a paper rose.

7. The teacher always gave us a lot of homework.

8. They gave us a smile.

A 다음 문장에서 5형식 문장을 골라 보세요.

1. ① I found the wallet.　　② The leaves turned red.
   ③ They saw him swimming.　　④ We enjoyed fishing.

2. ① I trust them.
   ② Tom looks busy.
   ③ My brother made me a sleigh.
   ④ He calls me Ted.

3. ① We want her to make us green tea.
   ② My school is big.
   ③ She learns Taekwondo.
   ④ The main actor never dies.

B 다음 문장에서 밑줄 친 보어의 형태가 다른 것을 골라 보세요.

1. ① She saw him <u>cleaning</u> the window. ② We think him <u>nice</u>.
   ③ I heard him <u>calling</u> my name.　　④ She is <u>popular</u>.

2. ① We call our mother <u>mom</u>.
   ② She thought him <u>a kind man</u>.
   ③ Father made me <u>a nurse</u>.
   ④ Kelly made me <u>upset</u>.

C 다음 각 문장에서 목적보어를 골라 보세요.

1. I saw her coming.
   ① saw　　② her　　③ I　　④ coming

2. Anna want you to do work.
   ① Anna　　② to do work　　③ you　　④ want

3. He found the book easy.
   ① easy　　② He　　③ the book　　④ found

D 다음은 5형식 문장이에요. 문장에서 목적보어를 찾아봐요.

1. We called him Black joe.   목적보어: _____

2. Paul believes me a student.   목적보어: _____

3. I allow her to go.   목적보어: _____

4. He saw a dog sleeping.   목적보어: _____

5. We named the cat Tony.   목적보어: _____

6. Sad movies always makes me cry.   목적보어: _____

E 보기를 보고 한글해석에 맞는 목적보어를 골라 써 보세요.

> (보기) running   played   use
>   move   happy   talk

1. I heard people _____ about the weather.
   나는 사람들이 날씨에 관해 말하는 것을 들었다.

2. The news made you _____ .
   그 소식은 너를 기쁘게 했다.

3. I saw her _____ to her house.
   난 그녀가 집에서 뛰는 걸 봤어.

4. Mary felt the car _____ .
   메리는 그 차가 움직이는 것을 느꼈다.

5. He allowed me to _____ his room.
   그는 내가 그의 방을 쓰는 것을 허락했다.

6. She heard the music _____ .
   그녀는 음악이 연주되는 것을 들었다.

UNIT II 교재 p.84~92   **1. 명사**

A 다음 단어 중에서 셀 수 <u>없는</u> 명사를 찾으세요.

1. ① hamburger ② butter ③ room ④ rose
2. ① lion ② mirror ③ egg ④ love
3. ① sandwich ② ticket ③ pig ④ oil

B 다음 문장에서 고유 명사를 고르세요.

1. She will go to Japan.
   ① Japan ② will ③ to ④ go
2. He lives in Busan.
   ① lives ② He ③ Busan ④ in
3. This is my friend, Eric.
   ① is ② Eric ③ my friend ④ This

C 다음 중에서 명사가 <u>틀리게</u> 쓰인 문장을 고르세요.

1. ① We climbed a mountain in nepal.
   ② I broke a tooth.
   ③ I always wash my feet.
   ④ My boots are under the chair.

2. ① That is a fly's head.
   ② Who are these kids?
   ③ Jennifer doesn't like milks.
   ④ They come from Africa.

3. ① A frog is on her head.   ② She isn't eating cherrys.
   ③ I know Madonna.   ④ Where are my notebooks?

D 다음 명사들의 알맞은 복수형을 고르세요.

1. sheep   ① shep   ② sheep   ③ sheeps   ④ shepp
2. witch   ① witches   ② witchs   ③ witchse   ④ witchhs
3. child   ① childs   ② childes   ③ childse   ④ children
4. fox   ① foxs   ② foxes   ③ foxse   ④ fox
5. glove   ① gloves   ② glofes   ③ glovs   ④ glovese
6. wife   ① wifes   ② wives   ③ wifves   ④ wifse
7. fish   ① fishes   ② fishs   ③ fishse   ④ fish
8. puppy   ① puppies   ② puppis   ③ puppyes   ④ puppys
9. glass   ① glasss   ② glases   ③ glasse   ④ glasses
10. tomato   ① tomates   ② tomatos   ③ tomatoes   ④ tomatose

E 다음의 명사 '(어퍼스트로피)s, 혹은 (어퍼스트로피)'를 붙여서 우리말과 같도록 만드세요.

1. The boys toys
   그 남자 애들의 장난감
   ➡ _____

2. Cindy bag
   신디의 가방
   ➡ _____

3. Frank glasses
   프랭크의 안경
   ➡ _____

F 다음 명사들을 사람, 장소, 사물, 생각으로 나누어 보세요.

> 보기 joy, school bag, Frank, brother, park, power, hospital,
> umbrella, Brad, Inchon, apple, happiness, friend, boy

    1. 사람: _____

    2. 장소: _____

    3. 사물: _____

    4. 생각: _____

G 주어진 (   ) 안의 낱말을 이용하여 문장을 완성하세요.

    1. There are some _____ in the box.(dish)
       그 상자 안에는 약간의 접시가 들어 있다.

    2. How many _____ does he have?(orange)
       그는 얼마나 많은 오렌지를 가지고 있나요?

    3. The _____ are in the basket.(mouse)
       쥐들이 바구니 안에 있어요.

    4. Five _____ were sitting in the forest.(deer)
       사슴 다섯 마리가 숲에 앉아 있었다.

    5. Three ants are carrying _____.(leaf)
       개미 세 마리가 나뭇잎들을 나르고 있다.

    6. Are there any _____ in the zoo?(ostrich)
       동물원에 타조들도 있나요?

A 다음 문장에서 목적격 대명사를 고르세요.

1. People carry her to the hospital.
   ① her   ② to the hospital   ③ carry   ④ People

2. They will miss you so much.
   ① They   ② you   ③ will miss   ④ so much

3. A bicycle is coming toward me.
   ① is coming   ② toward   ③ A bicycle   ④ me

4. Annie waves at them.
   ① Annie   ② waves   ③ them   ④ at

5. Grandma welcomed us with a big smile.
   ① us   ② with a big smile   ③ welcomed   ④ Grandma

6. Danny's dog follows him to school.
   ① him   ② to school   ③ Danny's dog   ④ follows

B 다음 문장에서 소유격 대명사를 고르세요.

1. Is this your coin?
   ① your   ② this   ③ Is   ④ coin

2. Our house is small.
   ① Our   ② is   ③ house   ④ small

3. He has his nickname.
   ① He   ② his   ③ nickname   ④ has

4. Today Jennifer invited friends to her house.
   ① Jennifer   ② friends   ③ invited   ④ her

C 다음 문장의 빈 칸에 들어갈 알맞은 지시대명사를 고르세요.

1. _____ isn't flies.
   ① That   ② We
   ③ You   ④ Those

2. Is _____ a butterfly?
   ① these   ② those
   ③ this   ④ they

3. What is _____ over there?
   ① those   ② they
   ③ that   ④ these

D 다음 문장의 밑줄 친 부분을 대신할 수 있는 인칭대명사를 고르세요.

1. Mi-na has three parrots. _____ bought them last year.
   ① Her   ② She   ③ His   ④ He

2. I and Paul went to the farm. There was the best place for _____.
   ① me   ② him   ③ them   ④ us

3. Billy is beside Jack. My friends hate _____.
   ① her   ② me   ③ you   ④ him

4. I and my sister went to the amusement park.
   _____ were very joyful.
   ① They   ② We   ③ You   ④ She

5. My mom and dad never fight. _____ love me so much.
   ① I   ② You   ③ He   ④ They

6. I can't find my daughter. I lost _____.
   ① me   ② her   ③ you   ④ mine

E 빈 칸에 알맞은 소유대명사를 보기에서 골라 쓰세요.

보기 mine   theirs   yours
      his   ours   hers

1. This spaghetti for Mom and Dad.   It is _____.

2. This is my food.   This is _____.

3. Those flowers are for Liz.   They are _____.

4. It is his camera.   It is _____.

5. These are your sausages.   They are _____.

6. It is our money.   It is _____.

F 문장 속에 제시된 두 단어 중 올바른 형태의 것을 골라 동그라미하고 빈 칸
   에 쓰세요.

1. Is this (you're / your) chocolate?   _____

2. (They're / Their) near the hill.   _____

3. This is my rabbit. (It's / Its) name is Lena. _____

4. (He's / His) tired.   _____

5. (You're / Your) strong and brave.   _____

6. (It's / Its) very dangerous.   _____

A 관사의 형태가 올바르지 <u>않은</u> 것을 고르세요.

1. ① We can't ride a horse.
   ② Jackson is an excellent hunter.
   ③ A boy is riding a skateboard.
   ④ It's a jam.

2. ① Jason is eating a pear.
   ② This is a big stone.
   ③ There is a lamp on the desk.
   ④ An eagles are birds.

3. ① I want to raise a cat.
   ② An elephant is very big.
   ③ We played the basketball.
   ④ That is a magic hat.

4. ① Liz needs a new vest.
   ② She plays the cello.
   ③ Christina is a humorous.
   ④ It is an alligator.

B 부정관사 a와 an 중 맞는 형태를 다음의 명사 앞에 써 보세요.

보기 **ice cream**(아이스크림)   **an ice cream**

1. octopus(문어)   _____
2. pineapple(파인애플)   _____
3. uniform(유니폼)   _____
4. ant(개미)   _____
5. e-mail(이메일)   _____

A 다음 문장에서 be 동사를 고르세요.

1. We all are students.
   ① are   ② all   ③ We   ④ students

2. David is a king.
   ① David   ② a   ③ is   ④ king

3. I am your only brother.
   ① your   ② only   ③ brother   ④ am

4. It is safe here.
   ① It   ② safe   ③ is   ④ here

5. Why are you late?
   ① Why   ② are   ③ you   ④ late

B 다음 우리말의 뜻과 같아지도록 빈 칸에 알맞은 동사를 고르세요.

1. We _____ a lot.   우리는 이야기를 많이 했어.
   ① run   ② watched   ③ talked   ④ look

2. I _____ on a snow sled. 난 눈썰매를 탑니다.
   ① eat   ② ride   ③ read   ④ study

3. They _____ candies.   그들은 사탕을 선물 받습니다.
   ① send   ② receive   ③ write   ④ hate

4. You _____ cats and dogs. 당신은 고양이와 개를 싫어해요.
   ① go   ② know   ③ like   ④ hate

5. Kate and Frank _____ sneakers.
   케이트와 프랭크는 운동화를 가지고 있어요.
   ① have   ② want   ③ play   ④ sing

C 다음 문장 중에서 밑줄 친 동사가 잘못 쓰인 문장을 고르세요.

1. ① You are my son.   ② Those is my grandparents.
   ③ Min-ju is quite.   ④ Is he ill?

2. ① Your radio is on the desk.   ② This are strawberries.
   ③ It is her flute.   ④ She likes pop music.

3. ① He is handsome.   ② Grey does her homework.
   ③ Betty listens to music.   ④ They goes to the hospital.

4. ① The men are skating.   ② You see her.
   ③ That are our car.   ④ There are gas lines here.

5. ① They play chess every evening.
   ② I live in London.
   ③ That mouse is mine.
   ④ She are a singer.

D 다음 문장에서 움직임을 나타내는 동사가 아닌 것을 골라 보세요.

1. ① The children like cookies.   ② They go to a school store.
   ③ Cheetahs move quickly.   ④ We come back home.

2. ① The eagles fly high.   ② Did you read this book?
   ③ I don't know his address.   ④ We met at the movie theater.

3. ① Cathy and I cook in the kitchen.
   ② I hate that blue skirt.
   ③ Mary drinks juice.
   ④ Peter studies about animals.

4. ① The students read many magazines.
   ② I forgot her birthday.
   ③ They sing a Christmas carol.
   ④ He ate eight ice-cream corns.

E 다음 단어들 중에서 동사가 어디에 있는지 찾아보세요. 그리고 be동사, 일반 동사로 나누어 봐요.

> (보기) are, we, swim, pretty, their, know
> is, it, cool, clock, am, read, cloud
> draw, bus, under, sleep, find

1. be 동사

_____

2. 일반 동사

_____

F 다음 문장의 밑줄 친 부분의 줄임말을 빈 칸에 쓰세요.

> (보기) I am Superman. ➡ ___I'm___
> 나는 수퍼맨이다.

1. They are my notebooks.   ➡ _____
   그것들은 내 공책들이다.

2. You are so beautiful and pretty. ➡ _____
   너는 매우 아름답고 예쁘다.

3. He is a my best friend.   ➡ _____
   그는 나의 가장 친한 친구이다.

4. We are the same age.   ➡ _____
   우리들은 같은 나이이다.

5. She is in the rose garden.   ➡ _____
   그녀는 장미 정원에 있다.

6. It is cloudy and windy today. ➡ _____
   오늘은 흐리고 바람이 분다.

A 다음 문장에서 조동사가 어느 것인지 골라 보세요.

1. Would you stand in line?

① you   ② Would   ③ stand   ④ in line

2. You may keep the book for a month.

① keep   ② for a month   ③ may   ④ the book

3. You should use good words.

① You   ② should   ③ use   ④ good words

4. I can open this window.

① I   ② this window   ③ open   ④ can

5. Could you pass me the pepper?

① me   ② pass   ③ Could   ④ the pepper

6. I must stop playing games.

① must   ② playing games   ③ stop   ④ I

B 다음 문장에 나오는 질문에 대한 대답으로 옳은 것을 고르세요.

1. Can Liz speak Greek?

① Yes, I can.   ② No, you can't.
③ No, she can't.   ④ Yes, he does.

2. May I use your scissors?

① Yes, I may.   ② Yes, you did.
③ Yes, you may.   ④ Yes, I did.

3. Must he stay here?

① Yes, you must.   ② Yes, he must.
③ No, she mustn't.   ④ No, he must.

C 다음 우리말 의미를 보고 빈칸에 can이나 cannot, must와 must not을 써 보세요.

　🔵 He **cannot** drive.　　　그는 운전을 할 수 없다.

1. Grey _____ clean the living room.
그레이는 거실을 청소해야 해.

2. Dogs _____ jump.
개들은 뛰어오를 수 있어.

3. You _____ run in the classroom.
교실에서 뛰어서는 안돼요.

4. The baby _____ speak yet.
아이가 아직 말을 못해요.

D 괄호 안에 주어진 낱말들을 이용하여 올바른 문장을 만들어 보세요.

　🔵 (shouldn't, You, here, sit)
　➡ **You shouldn't sit here.**　　넌 여기 앉으면 안 돼.

1. (can, now, I, go)
➡ _____.　　난 이제 갈 수 있어.

2. (be, should, You, quiet)
➡ _____.　　조용히 해야지.

3. (may, home, Lucy, go)
➡ _____.　　루시는 집에 가도 돼.

4. (Mi-na, can't, the dog, pass)
➡ _____.　　미나는 강아지를 지나갈 수 없어.

5. (that, must, I, watch, movie)
➡ _____.　　난 그 영화 꼭 봐야 돼.

A 다음 문장에서 형용사를 고르세요.

1. It's a black cat.
  ① It's   ② a
  ③ black   ④ cat

2. Her bag is very heavy.
  ① bag   ② is
  ③ Her   ④ heavy

3. Here is a little juice.
  ① a little   ② Here
  ③ juice   ④ is

4. There are five sheep on the farm.
  ① are   ② There
  ③ on the farm ④ five

5. There is much sugar on the table.
  ① on the table ② much
  ③ sugar   ④ is

B 제시된 단어가 나머지 셋과 <u>다른</u> 하나를 고르세요.

1. ① big   ② large   ③ long   ④ gloomy

2. ① well   ② good   ③ hot   ④ fat

3. ① twenty   ② third   ③ eleven   ④ two

4. ① a little ② a few ③ few   ④ much

5. ① green   ② pretty ③ gray   ④ blue

C 우리말과 뜻이 통하도록 알맞은 형용사를 고르세요.

1. There are _____ chickens on the farm.
   농장에는 닭 네 마리가 있어요.
   ① fourth   ② forty   ③ four   ④ fortieth

2. February is the _____ month of the year.
   2월은 한 해의 두 번째 달입니다.
   ① two   ② second   ③ twenty   ④ third

3. I want to wear the _____ dress.
   흰 옷을 입고 싶어요.
   ① green   ② pink   ③ white   ④ brown

4. They are _____ people.
   그들은 나쁜 사람들이다.
   ① bad   ② fat   ③ big   ④ clever

5. The taxi driver is very _____.
   택시 기사분이 참 친절하시다.
   ① happy   ② strong   ③ smart   ④ kind

D 다음 문장에 나오는 형용사의 반대말을 골라 보세요.

1. Betty is diligent.
   ① small   ② lazy   ③ pretty   ④ interesting

2. We don't like our old house.
   ① slow   ② new   ③ good   ④ sad

3. In the winter, she wears thick socks.
   ① thin   ② long   ③ large   ④ smart

4. It is difficult to learn English.
   ① big   ② bored   ③ slow   ④ easy

5. It is a quiet night in the woods.
   ① ugly   ② perfect   ③ happy   ④ noisy

E 보기와 같이 제시된 단어의 비교급을 써 넣으세요.

> 보기 big 큰 ➡ **bigger** 더 큰

1. cool   시원한 ➡ _____ 더 시원한
2. young   어린   ➡ _____ 더 어린
3. old   늙은   ➡ _____ 더 늙은
4. generous 너그러운 ➡ _____ 더 너그러운
5. delicious 맛있는 ➡ _____ 더 맛있는

F 다음 문장에서 괄호 안의 표현 중에 맞는 단어에 동그라미 하세요.

> 보기 There are (much /(lots of)) koalas in Australia.

1. They will buy (many / much) pears.

2. We made (a little / few) money.

3. I have (a little / a few) tomatoes.

4. We have too (many / much) homework.

5. Here is (a little / many) bread.

6. There is (lots of / few) salt on the table.

7. Tommy drank (few / little) water today.

8. She has (a lot of / a little) sandwiches.

A 다음 문장에서 부사를 고르세요.

1. Ricky plays the guitar poorly.
   ① plays   ② poorly   ③ the guitar   ④ Ricky

2. Beautifully Linda decorated her room.
   ① her room   ② Linda   ③ Beautifully   ④ decorated

3. Ben walks the floor quietly.
   ① walks   ② the floor   ③ quietly   ④ Ben

4. It was really funny.
   ① really   ② funny   ③ I   ④ was

5. She finally found a nice house.
   ① found   ② nice   ③ apartment   ④ finally

B 다음 문장에서 빈도부사를 고르세요.

1. My grandparents always play cards.
   ① My grandparents   ② always   ③ play   ④ cards

2. We seldom play in the sand.
   ① in the sand   ② play   ③ seldom   ④ We

3. I sometimes go to the museum.
   ① to the museum   ② sometimes ③ I   ④ go

4. They often throw stones into the pond.
   ① into the pond   ② throw   ③ often   ④ stones

5. You never forget it.
   ① You   ② it   ③ forget   ④ never

C   보기처럼 형용사를 부사로 바꾸어 보세요.

1. loud   소리가 큰   ⇒ _____ 크게

2. careful   조심스러운   ⇒ _____ 조심스럽게

3. steady   꾸준한   ⇒ _____ 꾸준히

4. late   늦은   ⇒ _____ 늦게

5. bright   환한   ⇒ _____ 환하게

6. lucky   운이 좋은   ⇒ _____ 운 좋게

7. noisy   시끄러운   ⇒ _____ 시끄럽게

8. good   좋은   ⇒ _____ 잘, 좋게

D   제시된 문장에 빈도부사를 넣어 문장을 다시 만들어 보세요.

보기 **Mary forgave him. (never)**
   ⇒ **Mary never forgave him.**

1. I play with blocks with my friends. (often)

   ⇒ _____ .

2. They go shopping. (seldom)

   ⇒ _____ .

3. I am busy. (always)

   ⇒ _____ .

4. Jimmy is late for school. (sometimes)

   ⇒ _____ .

A 다음 빈칸에 들어갈 알맞은 접속사를 고르세요.

1. He likes apples _____ bananas.
　① and　　② but　　③ if　　　　④ so

2. They like monkeys _____ don't like gorillas.
　① but　　② if　　③ so　　　　④ because

3. Do you like red _____ blue?
　① so　　② but　　③ or　　　　④ and

4. _____ you get up early, you will not late for school.
　① So　　② But　　③ If　　　　④ Because

5. It rained outside _____ we stayed at home.
　① if　　② so　　③ because　　④ or

6. Lucy is in bed _____ she is very sick.
　① and　　② or　　③ because　　④ so

B 다음 문장들 중에서 접속사가 <u>잘못</u> 사용된 문장을 고르세요.

1. ① The lady is pretty and smart.
　② The baby sleeps or cries.
　③ If you are sleepy, you can go to bed now.
　④ He was very hungry because he ate some bread.

2. ① Yesterday was sunny and today is rainy.
　② Do you like apples or oranges?
　③ Mom bought a cake because today is my birthday.
　④ We went to LA, Boston, and New York.

3. ① Ted and Jane went fishing.
　② If you study hard, you will pass the exam.
　③ Mike had a cold so he was in bed.
　④ You should be careful or it is dangerous.

C 우리말과 일치하려면 빈칸 안에 어떤 접속사가 들어가야 하는지 쓰세요.

1. 메리는 예쁘지만 뚱뚱하다.
   ⇒ She is pretty _____ fat.

2. 배가 고프기 때문에 그 어린 아이는 울고 있다.
   ⇒ The young boy is crying _____ he is hungry.

3. 만약에 내일 비가 오면, 나는 집에서 TV 보겠다.
   ⇒ _____ it is rainy tomorrow, I will watch TV at home.

4. 축구와 야구 중 어느 운동을 더 좋아하니?
   ⇒ Which sport do you like better, soccer _____ baseball?

5. 나는 피자와 스파게티와 햄버거를 좋아해요.
   ⇒ I like pizza, spaghetti, _____ hamburgers.

6. 내 방이 지저분해서 나는 방을 깨끗이 청소했다.
   ⇒ My room was messy _____ I cleaned my room.

D 다음 문장의 밑줄 친 접속사를 보기처럼 바르게 고쳐 쓰세요.

보기 I like apples but oranges. ⇒ and

1. Because it is fine tomorrow, we'll go on a picnic. ⇒ _____

2. I got up late so I went to bed late. ⇒ _____

3. David is poor or happy. ⇒ _____

4. He should take a bus but go on foot. ⇒ _____

5. We are so happy so today is Christmas day. ⇒ _____

A 다음 밑줄 친 부분의 의미를 바르게 나타낸 말을 고르세요.

1. There is a picture <u>over the fireplace</u>.
   ① 벽난로 아래에   ② 벽난로 위로
   ③ 벽난로 앞에   ④ 벽난로 뒤에

2. The child hid <u>under the desk</u>.
   ① 책상 아래에   ② 책상 위에
   ③ 책상 앞에   ④ 책상 안에

3. Milk is <u>in the refrigerator</u>.
   ① 냉장고 아래에   ② 냉장고 위에
   ③ 냉장고 안에   ④ 냉장고 뒤에

4. The sofa is <u>in front of the TV</u>.
   ① TV 아래에   ② TV 뒤에
   ③ TV 앞에   ④ TV 위에

5. The building is <u>behind the church</u>.
   ① 교회 뒤에   ② 교회 위에
   ③ 교회 앞에   ④ 교회 안에

B 다음 빈 칸에 들어갈 알맞은 전치사를 고르세요.

1. My sister was born _____ 1998.
   ① in   ② on   ③ at   ④ over

2. They played the game _____ 9 o'clock.
   ① at   ② behind   ③ on   ④ in

3. Let's go shopping _____ this Sunday.
   ① at   ② on   ③ in   ④ under

4. He washes his hands _____ the morning.
   ① over   ② at   ③ on   ④ in

C 우리말 해석을 보고 빈 칸에 알맞은 전치사를 쓰세요.

보기 **A cat is <u>in</u> the box.** 고양이가 상자 안에 있다.

1. Spring starts ____ March.   봄은 3월에 시작한다.

2. We live ____ that old house.   우리는 저 오래된 집에서 산다.

3. A doll is _____ the box.   인형이 상자 뒤에 있다.

4. A man stands _____ the tree.   어떤 사람이 나무 앞에 서있다.

5. We go to the movies ____ the evening. 우리는 저녁에 극장구경 간다.

6. My father gets up ____ 5 o'clock.   우리 아버지는 5시에 일어나신다.

7. The young girl sleeps ____ the bed.   어린 소녀가 침대에서 잔다.

8. We have a party ____ my birthday.   우리는 내 생일날에 파티를 한다.

9. Two dogs are _____ the tree.   두 마리의 강아지가 나무 밑에 있어요.

10. A telephone is _____ the table.   전화기가 테이블 위에 있어요.

D 다음 빈 칸에 들어갈 알맞은 감탄사를 쓰세요.(10. 감탄사)

1. _____ , they lost the tennis match.
   이런, 그들이 테니스 시합에서 졌구나.

2. _____ , I can't believe it!
   오, 나는 그걸 믿을 수 없어.

3. _____ , look at the snow coming down.
   와, 눈이 내리는 것 좀 봐.

4. _____ , Traffic light is red!
   오 저런, 신호등이 빨간색이야!

SECTION III 시제를 알아 보아요

UNIT I   교재 p.153~156   **1. 현재시제**

A 다음 문장의 빈 칸에 들어갈 알맞은 be동사를 쓰세요.

보기 **am,   are,   is**

1. You _____ my teacher.

2. We _____ never tired.

3. The girl in white _____ my sister.

4. The books in the bag _____ hers.

5. I _____ cute and pretty.

6. Jake and I _____ brothers.

B 다음 문장들 중 현재형 동사의 쓰임이 <u>잘못된</u> 문장을 고르세요.

1. ① They speak English very well.
   ② He like pineapples very well.
   ③ Mike reads all the books.
   ④ We build the house on the hill.

2. ① The boys on the sofa plays computer games.
   ② The flowers are very beautiful.
   ③ He never does his homework.
   ④ She washes the dishes in the kitchen.

3. ① Mike plays baseball with his friends.
   ② She cries out in her room.
   ③ He go to the park every Saturday.
   ④ Jessy studies English with his brother.

C 다음 문장들의 밑줄 친 부분을 보기처럼 바르게 고쳐 쓰세요.

> 보기 He are a good player. ⇒ __is__

1. They is very strong and tall.   ⇒ _____

2. You and I am classmates.   ⇒ _____

3. He are always late for school.   ⇒ _____

4. The girls is very happy.   ⇒ _____

5. It are a good computer.   ⇒ _____

6. Two boys am in the park.   ⇒ _____

7. I are sleepy now.   ⇒ _____

D 빈 칸에 알맞은 일반 동사의 현재 시제를 써 보세요.

1. She _____ an orange juice.   그녀는 오렌지 주스를 마신다.

2. His brothers _____ TV at night.   그의 남동생들은 밤에 TV 본다.

3. Cathy _____ his dog very much.   캐시는 자기 강아지를 무척 사랑한다

4. They _____ Korean every day.   그들은 매일 한국어를 공부한다.

5. We _____ a snack in the afternoon.   우리는 오후에 간식을 먹는다.

6. Paul _____ soccer in the ground.   폴은 운동장에서 축구를 한다.

7. I _____ a letter to my mom.   나는 엄마에게 편지를 쓴다.

8. David and Jane _____ dinner.   데이빗과 제인은 저녁을 먹는다.

A 다음 문장들 중 be동사의 과거형이 <u>잘못</u> 쓰인 것을 고르세요.

1. ① They was very pretty flowers .
   ② He was a good boy.
   ③ I was never strong.
   ④ You were so smart.

2. ① The books on the table were wet.
   ② Tom and I was good friends.
   ③ You were a baseball player.
   ④ It was a snowy day yesterday.

3. ① Many children were happy.
   ② I was tall and fat.
   ③ Jessy and Tim were angry.
   ④ You was so smart.

B 다음 문장들 중 <u>잘못</u>이 있는 문장을 고르세요.

1. ① I was sad at the end yesterday.
   ② You were a teacher last year.
   ③ It rained tomorrow.
   ④ My father washed the dishes this morning.

2. ① They arrived here last night.
   ② I tried to finish my report by noon.
   ③ My mother made dinner for us.
   ④ We forget to bring the key yesterday.

3. ① We sang a song for her last week.
   ② You talked with my brother.
   ③ I did my homework next Sunday.
   ④ He cut the paper slowly yesterday.

C 다음 단어들의 과거형을 빈 칸에 쓰세요.

1. come ⇒ _____   2. break ⇒ _____

3. win ⇒ _____   4. cut ⇒ _____

5. draw ⇒ _____   6. tell ⇒ _____

7. take ⇒ _____   8. do ⇒ _____

9. eat ⇒ _____   10. sit ⇒ _____

11. sing ⇒ _____   12. feel ⇒ _____

13. get ⇒ _____   14. see ⇒ _____

15. know ⇒ _____   16. have ⇒ _____

D 과거형 단어들의 현재형을 빈 칸에 쓰세요.

1. _____ ⇐ kept   2. _____ ⇐ made

3. _____ ⇐ gave   4. _____ ⇐ wore

5. _____ ⇐ drank   6. _____ ⇐ went

7. _____ ⇐ met   8. _____ ⇐ washed

9. _____ ⇐ played   10. _____ ⇐ studied

11. _____ ⇐ lost   12. _____ ⇐ taught

13. _____ ⇐ talked   14. _____ ⇐ slept

15. _____ ⇐ hit   16. _____ ⇐ failed

E 다음 주어진 문장을 과거시제 문장으로 다시 쓰세요.

1. I am your best friend.
   ⇒ _____ .

2. They are sorry to hear that.
   ⇒ _____ .

3. You are in the amusement park.
   ⇒ _____ .

4. He is kind and gentle to us.
   ⇒ _____ .

5. Mike and I are in the same class.
   ⇒ _____ .

F 한글 해석을 읽고 빈 칸에 알맞은 동사의 과거 시제를 써 보세요.

보기 **She made dinner for me.** 그녀는 나를 위해 저녁을 만들었다.

1. He _____ English from his friend.   그는 친구에게서 영어를 배웠다.

2. Jenny _____ apples when a girl.   제니는 어렸을 때 사과를 좋아했다.

3. They _____ her in the park.   그들은 그녀를 공원에서 만났다.

4. You _____ the game yesterday.   너는 그 게임에서 어제 이겼다.

5. She _____ me an email.   그녀는 나에게 이메일을 보냈다.

6. Mr. Brown _____ English in my school.
   브라운씨는 우리학교에서 영어를 가르쳤다.

7. We _____ the woman dancing.   우리는 그 여인이 춤추는 것을 봤다.

8. He _____ to see me yesterday.   그는 어제 날 보려고 왔다.

A 다음 문장들의 빈 칸에 들어갈 알맞은 말을 고르세요.

   1. I _____ a musician in an orchestra next year.
     ① am   ② are   ③ am   ④ will be

   2. They _____ angry about his mistake now.
     ① am   ② are   ③ is   ④ will be

   3. He _____ late for tomorrow's meeting.
     ① am   ② are   ③ is   ④ will be

   4. You _____ 13 years old next year.
     ① am   ② are   ③ is   ④ will be

B 다음 문장들의 밑줄 친 말을 문장에 맞게 바르게 고친 것을 고르세요.

   1. Jason <u>gives</u> you a present tomorrow.
     ① give   ② gave   ③ will give   ④ will gives

   2. You <u>got</u> an email from Jessy tomorrow morning
     ① will get   ② will got   ③ get   ④ gots

   3. She <u>meet</u> her brother every Saturday.
     ① met   ② meets   ③ will meets ④ will meet

   4. We <u>have</u> dinner with my cousins next week.
     ① has   ② had   ③ will has   ④ will have

C 다음 주어진 문장을 부정문으로 바르게 전환시킨 문장을 고르세요.

They will go to the movies tomorrow.

   ① They not will go to the movies tomorrow.
   ② They will not go to the movies tomorrow.
   ③ They will go not to the movies tomorrow.
   ④ They will go to not the movies tomorrow.

D 다음 밑줄 친 부분을 축약형으로 전환하여 빈칸에 쓰세요.

1. I will go to the library in the afternoon. ⇒ _____

2. You will make a robot for me.   . ⇒ _____

3. You will not watch TV tonight.   ⇒ _____

4. He will sing a song loudly.   ⇒ _____

5. She will not learn math.   ⇒ _____

6. We will get up at 5 tomorrow morning. ⇒ _____

7. They will be angry about it.   ⇒ _____

8. It will be snowy tomorrow.   ⇒ _____

E 다음 문장을 보기처럼 미래시제형으로 쓰세요.

보기 **You bought me a present.**
⇒ **You will buy me a present.**

1. The kids are very tall.
   ⇒ _____ .

2. Tommy studies hard for math test.
   ⇒ _____ .

3. They do their English homework.
   ⇒ _____ .

4. It is cloudy in the afternoon.
   ⇒ _____ .

A 다음 문장들의 빈 칸에 들어갈 알맞은 말을 고르세요.

1. She _____ basketball in the ground now.
   ① are playing   ② is playing   ③ were playing   ④ am playing

2. They _____ a letter to their mothers now.
   ① are sending   ② is sending   ③ were sending   ④ am sending

3. He _____ a kite in the air now.
   ① are flying   ② is flying   ③ were flying   ④ am flying

B 다음 문장들의 빈 칸에 들어갈 알맞은 말을 고르세요.

1. He is _____ a walk in the garden.
   ① takeing   ② takking   ③ taking   ④ tooking

2. They are _____ to the big tree.
   ① running   ② runing   ③ raning   ④ runying

3. It is _____ all day long.
   ① rainning   ② raineing   ③ rainsing   ④ raining

C 다음 문장들을 보기처럼 진행형으로 전환하세요.

보기 They read the fantasy books. ⇒ They are reading the fantasy books now.

1. Jacob walks to the school.
   ⇒ _____ .

2. We wear the blue shirts and yellow pants.
   ⇒ _____ .

3. You ride a bike on the road.
   ⇒ _____ .

UNIT I 교재 p.178~183　　　　　　　　　　**1. 평서문**

A 다음 문장들을 부정문으로 만들 때, not이 들어가야 할 위치를 고르세요.

1. They　　①are　　②very　　③nice　　④.
2. You　　①can　　②go　　③swimming　④tonight.
3. Paul and　①Judy　②will　　③play　　④tennis together.
4. I am　　①strong　②and　　③tall　　④.

B 다음 문장들의 빈칸에 들어갈 알맞은 말을 고르세요.

1. He ＿＿＿＿ very kind.
　①aren't　　　　②isn't　　③don't　　④doesn't

2. The books on the desk ＿＿＿＿ mine.
　①aren't　　　　②isn't　　③don't　　④doesn't

3. You ＿＿＿＿ drink juice at all.
　①aren't　　　　②isn't　　③don't　　④doesn't

C 다음 문장들 중 바르게 표현된 문장을 고르세요.

1. ①He is not play the violin.
　②They doesn't walk to school every morning.
　③He doesn't cleans the room.
　④You are not an ugly boy.

2. ①She didn't studies math hard.
　②Their parents don't love their dog.
　③Jessica am not busy now.
　④My teacher and your teacher is not brothers.

D 다음 주어진 문장을 부정문으로 전환하세요.

1. We are always kind to others.
   ⇒ _____ .

2. They went to the park yesterday.
   ⇒ _____ .

3. He writes a diary every day.
   ⇒ _____ .

4. You have breakfast in the early morning.
   ⇒ _____ .

5. She was a good student, too.
   ⇒ _____ .

6. He came to Seoul last week.
   ⇒ _____ .

7. Jane and Jessica were sisters.
   ⇒ _____ .

8. Tommy has a new brand car.
   ⇒ _____ .

E 다음 문장들의 밑줄 친 부분을 축약형으로 보기처럼 전환하세요.

보기 You are not a student. ⇒ aren't

1. You can not run so fast.   ⇒ _____
2. They do not eat a snack at night. ⇒ _____
3. He does not do homework.   ⇒ _____
4. Sandy will not send an email.   ⇒ _____
5. The children are not very fat and tall. ⇒ _____
6. She is not angry about you.   ⇒ _____

A 다음 빈 칸에 들어 갈 수 <u>없는</u> 말을 고르세요.

1. _____ free tonight?
   ① Is he　　　　② They are　③ Are you　④ Am I

2. _____ go shopping?
   ① Can you　　　② Will he　③ Shall we　④ She will

3. Is _____ happy now?
   ① Mike and Judy　② my father　③ she　④ Tom

4. Are _____ angry now?
   ① my sisters　　② they　　③ he　　④ We

B 다음 빈 칸에 들어 갈 수 있는 말을 고르세요.

1. _____ like apples?
   ① Do you　　　② Does they　③ Does I　④ Do he

2. _____ have a homework today?
   ① Does you　　② Does she　③ Does they　④ Does the kids

3. Does Bill _____ English every day?
   ① speaks　　② studies　　③ learns　④ study

C 다음 주어진 문장의 빈칸에 들어갈 알맞은 말을 고르세요.

1. A: _____ is your father?　B: He is a teacher.
   ① Who　　　② What　　③ How　　④ When

2. A: _____ is the book?　　B: It is on the desk.
   ① What　　　② Where　　③ Why　　④ When

3. A: _____ are you, Cathy?　B: I am not so bad.
   ① When　　　② Why　　③ How　　④ What

4. A: _____ do you watch TV?　B: Every day.
   ① When　　　② Why　　③ How　　④ What

D 주어진 질문의 알맞은 대답을 고르세요.

1. Are your friends hungry now?
   ① Yes, it isn't   ② No, it isn't.   ③ Yes, they are. ④ No, they are.

2. Do you have breakfast?
   ① Yes, I do.   ② Yes, I does.   ③ Yes, you do.   ④ Yes, you don't.

3. Is your brother very tall?
   ① Yes, he isn't. ② No, he isn't.   ③ Yes, you are. ④ No, you aren't.

4. Does Cindy always go to the supermarket?
   ① Yes, it does. ② No, she don't. ③ Yes, she is.   ④ No, she doesn't.

E 다음 문장을 보기처럼 의문문으로 전환해 보세요.

보기 **This is her pencil. ➡ Is this her pencil?**

1. You are very strong.
   ➡ _____ ?

2. She is very cute and pretty.
   ➡ _____ ?

3. That is your book on the table.
   ➡ _____ ?

4. Dick and Cindy are playing soccer together.
   ➡ _____ ?

5. They can make a new car.
   ➡ _____ ?

6. He has a white eraser in the pencil case.
   ➡ _____ ?

7. Jenny cries out all the morning.
   ➡ _____ ?

8. You go shopping every evening.
   ➡ _____ ?

F   다음 주어진 단어들을 보기처럼 순서대로 정렬하여 문장을 완성하세요.

> (보기) (is, your, who, sister)
> ➡ **Who is your sister?**

1. (his, car, where, is)
   ➡ _____ ?

2. (how, father, is, your)
   ➡ _____ ?

3. (get, you, do, when, up)
   ➡ _____ ?

4. (is, your, who, sister)
   ➡ _____ ?

5. (you, do, do, after, what, school)
   ➡ _____ ?

G   다음 문장의 빈 칸에 들어갈 알맞은 말을 보기 상자에 골라 쓰세요.

> (보기)   **What**   **Why**   **Where**
>   **Yes, she can.**   **Yes, I do.**   **No, they aren't.**

1. A: _____ are you going?   B: I'm going to the park.

2. A: _____ is your birthday present?   B: It's a bicycle.

3. A: _____ are you so angry?   B: Because I lost the game.

4. A : Do you like a movie star?   B: _____ .

5. A : Are the children crying now?   B: _____ .

6. A : Can Jane write a diary in English? B: _____ .

A 다음 주어진 문장을 명령문으로 바르게 만든 것을 고르세요.

1. You have a good time.
　① You a good time.　　　② Have a good time.
　③ have a good time.　　　④ Has a good time.

2. You are a good boy.
　① He is a good boy.　　　② Are you a good boy.
　③ You be a good boy.　　　④ Be a good boy.

3. You clean your room now.
　① Cleans your room now.　　② Clean your room now.
　③ cleans your room now.　　④ clean your room now.

B 다음 주어진 문장을 부정 명령문으로 바르게 만든 것을 고르세요.

1. You study English hard.
　① Don't study English hard.　② You don't study English hard.
　③ Doesn't study English hard.　④ You doesn't study English hard.

2. You swim in this river.
　① You don't swims in this river. ② You don't swim in this river.
　③ Don't swims in this river.　④ Don't swim in this river.

3. Let's go swimming.
　① Don't let's go swimming.　② You don't let's go swimming.
　③ Let's not go swimming.　④ You let's not go swimming.

C 다음 주어진 문장들 중 바른 표현을 고르세요.

1. ① Runs so fast.　　　② Let's finds the door key.
　③ Don't speaks so slowly.　④ Please, sit down.

2. ① Be quiet and calm down.　② Don't are late for school.
　③ You don't be cry.　　　④ Be walk to school.

D 다음의 문장들을 긍정 명령문 또는 부정 명령문으로 바꾸세요.

1. You can go inline skating. 긍정명령문 ⇒ _____ .

2. You are a best player. 긍정명령문 ⇒ _____ .

3. You worry about it. 부정명령문 ⇒ _____ .

4. You are noisy. 부정명령문 ⇒ _____ .

5. You have some cookies. 긍정명령문 ⇒ _____ .

E 다음 주어진 문장들을 보기처럼 세 문장으로 바꾸세요.

보기 **You speak slowly.**
⇒ **Speak slowly.**
⇒ **Don't speak slowly.**
⇒ **Let's speak slowly.**

1. You take a walk with your dog.
⇒ _____ .
⇒ _____ .
⇒ _____ .

2. You are quiet in the classroom.
⇒ _____ .
⇒ _____ .
⇒ _____ .

3. You throw the balls to him.
⇒ _____ .
⇒ _____ .
⇒ _____ .

4. You pull the door.
⇒ _____ .
⇒ _____ .
⇒ _____ .

5. You are kind to others.
⇒ _____ .
⇒ _____ .
⇒ _____ .

6. You have breakfast late.
⇒ _____ .
⇒ _____ .
⇒ _____ .

7. You listen to the radio.
⇒ _____ .
⇒ _____ .
⇒ _____ .

해답

영어 문장을 알아 보아요

UNIT I

1. 주어

A 1. ③   2. ②   3. ①
B 1. ①   2. ④   3. ③
C 1. ③   2. ②   3. ①
D 1. Tom   2. The lady
    3. Hamburger   4. His voice
    5. Science   6. This book
E 1. I and Nancy, We
    2. This comic book, It
    3. My sister, She
    4. Susie and Judy, They
    5. Pizza, It
    6. John, He

UNIT I

2. 술어

A 1. ②   2. ④   3. ①
B 1. ③   2. ①   3. ②
C 1. ③   2. ④   3. ③   4. ②
D 1. go   2. finish   3. showed   4. is   5. was   6. smells
E 1. teach , teaches   2. are, am   3. Am, Is   4. was, were
    5. study, studied   6. went, go

UNIT I

3. 목적어

A 1. ③   2. ①   3. ④
B 1. ③   2. ②   3. ④
C 1. ④   2. ②   3. ①
D 1. her, a birthday present
    2. me, a new dress
    3. him, a bike
    4. them, a kind letter
    5. you, something to eat
    6. you, his name
E 1. many coins , them
    2. his house key, it
    3. Mary, her
    4. me and my friend, us

UNIT I

4. 보어

A 1. ②   2. ③   3. ①
B 1. ②   2. ②   3. ①
C 1. ③   2. ②   3. ①
D 1. a reporter   2. expensive
   3. dark   4. my MP3 player
   5. cute   6. yours
E 1. hers   2. ours   3. mine
   4. ours   5. mine   6. theirs

UNIT II

1. 1형식(주어+술어)

A 1. ②   2. ④   3. ①
B 1. ②   2. ④   3. ③
C 1. ④   2. ②
D 1. He, swims   2. They, never smile
   3. It, is snowing   4. a tree, was
   5. Mom, goes   6. You, are
E 1. is   2. at the library
   3. yesterday   4. came
   5. I   6. with him

UNIT II

2. 2형식(주어+술어+보어)

A 1. ①   2. ③   3. ④
B 1. ②   2. ②
C 1. ④   2. ④   3. ②
D 1. rude   2. a child   3. funny
   4. soft   5. Canadian
   6. a kind person   7. my sister
   8. an elementary school student
E 1. silent   2. bigger   3. rain
   4. angry   5. mine
   6. good friends

UNIT II

3. 3형식(주어+술어+목적어)

A 1. ②   2. ②   3. ③
B 1. ④   2. ③
C 1. ①   2. ②   3. ③
D 1. her room   2. a bike
   3. noodles   4. pizza
   5. Lineage   6. a cat or a dog
E 1. children   2. bats   3. glasses
   4. birthday   5. shopping
   6. a newspaper

UNIT II

4. 4형식(주어+술어+간목+직목)

A 1. ②　　2. ③　　3. ③

B 1. ②　　2. ②

C 1. ④　　2. ④　　3. ②

D 1. Joe　　2. me　　3. him
　　4. Sally　5. you　　6. me

E 1. you, a new jacket
　　2. me, a teddy bear
　　3. him, his bicycle
　　4. her, MP3 player
　　5. my friend, clothes
　　6. Julie, a paper rose
　　7. us, a lot of homework
　　8. us, a smile

UNIT II

5. 5형식(주어+술어+목적어+목적보어)

A 1. ③　　2. ④　　3. ①

B 1. ④　　2. ④

C 1. ④　　2. ②　　3. ①

D 1. Black joe　　　2. a student
　　3. to go　　　　4. sleeping
　　5. Tony　　　　6. cry

E 1. talk　2. happy　3. running
　　4. move　5. use　　6. played

SECTION II **품사를 알아 보아요**

UNIT II

1. 명사

A 1. ②　・2. ④　　3. ④

B 1. ①　　2. ③　　3. ②

C 1. ①　　2. ③　　3. ②

D 1. ② 2. ① 3. ④ 4. ② 5. ①
　　6. ② 7. ④ 8. ① 9. ④ 10. ③

E 1. The boys' toys　　　2. Cindy's bag
　　3. Frank's glasses

F 1. 사람: Frank, brother, Brad, friend, boy
　　2. 장소: park, hospital, Inchon
　　3. 사물: school bag, umbrella, apple
　　4. 생각: joy, power, happiness

G 1. dishes　2. oranges　3. mice
　　4. deer　5. leaves　6. ostriches

59

2. 대명사

    A 1.①   2.②   3.④
        4.③   5.①   6.①
    B 1.① 2.① 3.② 4.④
    C 1.①   2.③   3.③
    D 1.②   2.④   3.④
        4.②   5.④   6.②
    E 1. theirs 2. mine   3. hers
        4. his   5. yours   6. ours
    F 1. your   2. They're 3. Its
        4. He's   5. You're 6. It's

3. 관사

    A 1④ 2.④ 3.③ 4.③
    B 1. an octopus   2. a pineapple
        3. a uniform   4. an ant
        5. an e-mail

4. 동사

    A 1.① 2.③ 3.④ 4.③ 5.②
    B 1.③ 2.② 3.② 4.④ 5.①
    C 1.② 2.② 3.④ 4.③ 5.④
    D 1.① 2.③ 3.② 4.②
    E 1. are, is, am
        2. swim, know, find, read, draw, sleep
    F 1. They're 2. You're 3. He's
        4. We're   5. She's 6. It's

5. 조동사

    A 1.②   2.③   3.②
        4.④   5.③   6.①
    B 1.③   2.③   3.②
    C 1. must 2. can 3. must not 4. cannot
    D 1. I can go now.
        2. You should be quiet.
        3. Lucy may go home.
        4. Mi-na can't pass the dog.
        5. I must watch that movie.

6. 형용사

    A 1.③ 2.④ 3.① 4.④ 5.②
    B 1.④ 2.① 3.② 4.④ 5.②

C 1. ③   2. ②   3. ③   4. ①   5. ④
D 1. ②   2. ②   3. ①   4. ④   5. ④
E 1. cooler   2. younger   3. older
  4. more generous
  5. more delicious
F 1. many   2. a little   3. a few
  4. much   5. a little   6. lots of
  7. little   8. a lot of

UNIT II   7. 부사

A 1. ②   2. ③   3. ③   4. ①   5. ④
B 1. ②   2. ③   3. ②   4. ③   5. ④
C 1. loudly 2. carefully 3. steadily
  4. late   5. brightly 6. luckily
  7. noisily 8. well
D 1. I often play with blocks with my friends.
  2. They seldom go shopping.
  3. I am always busy.
  4. Jimmy is sometimes late for school.

UNIT II   8. 접속사

A 1. ①   2. ①   3. ③
  4. ③   5. ②   6. ③
B 1. ④   2. ①   3. ④
C 1. but   2. because 3. If
  4. or   5. and   6. so
D 1. If   2. because 3. but
  4. or   5. because

UNIT II   9. 전치사 ~ 10. 감탄사

A 1. ②   2. ①   3. ③   4. ③   5. ①
B 1. ①   2. ①   3. ②   4. ④
C 1. in   2. in   3. behind 4. in front of
  5. in   6. at   7. in   8. on
  9. under 10. on
D 1. Alas   2. Oops
  3. Wow   4. Oh

SECTION III   시제를 알아 보아요

UNIT I   1. 현재시제

A 1. are   2. are   3. is

4. are   5. am   6. are

B 1. ②   2. ①   3. ③

C 1. are   2. are   3. is   4. are
5. is   6. are   7. am

D 1. drinks   2. watch   3. loves   4. study
5. eat   6. plays   7. write   8. have

E 1. I and Nancy, We
2. This comic book, It
3. My sister, She
4. Susie and Judy, They
5. Pizza, It   6. John, He

UNIT Ⅰ 2. 과거시제

A 1. ①   2. ②   3. ④

B 1. ③   2. ④   3. ③

C 1. came   2. broke   3. won   4. cut
5. drew   6. told   7. took   8. did
9. ate   10. sat   11. sang   12. felt
13. got   14. saw   15. knew   16. had

D 1. keep   2. make   3. give   4. wear
5. drink   6. go   7. meet   8. wash
9. play   10. study   11. lose
12. teach   13. talk   14. sleep
15. hit   16. fail

E 1. I was your best friend.
2. They were sorry to hear that.
3. You were in the amusement park.
4. He was kind and gentle to us.
5. Mike and I were in the same class.

F 1. learned   2. liked   3. met   4. won
5. sent   6. taught   7. saw   8. came

UNIT Ⅰ 3. 미래시제

A 1. ④   2. ②   3. ④   4. ④

B 1. ③   2. ①   3. ②   4. ④

C ②

D 1. I'll   2. You'll   3. won't   4. He'll
5. won't   6. We'll   7. They'll   8. It'll

E 1. The kids will be very tall.
2. Tommy will study hard for math test.
3. They will do their English homework.
4. It will be cloudy in the afternoon.

4. 현재 진행형 시제

A 1. ②   2. ①   3. ②
B 1. ③   2. ①   3. ④
C 1. Jacob is walking to the school now.
   2. We are wearing the blue shirts and yellow pants now.
   3. You are riding a bike on the road now.

SECTION IV   문장의 형태를 알아 보아요

1. 평서문

A 1. ②   2. ②   3. ③   4. ①
B 1. ②   2. ①   3. ③
C 1. ④   2. ②
D 1. We are not always kind to others.
   2. They didn't go to the park yesterday.
   3. He doesn't write a diary every day.
   4. You don't have breakfast in the early morning.
   5. She wasn't a good student, too.
   6. He didn't come to Seoul last week.
   7. Jane and Jessica weren't sisters.
   8. Tommy doesn't have a new brand car.
E 1. can't   2. don't   3. doesn't
   4. won't   5. aren't   6. isn't

2. 의문문

A 1. ②   2. ④   3. ①   4. ③
B 1. ①   2. ②   3. ④
C 1. ①   2. ②   3. ③   4. ①
D 1. ③   2. ①   3. ②   4. ④
E 1. Are you very strong?
   2. Is she very cute and pretty?
   3. Is that your book on the table?
   4. Are Dick and Cindy playing soccer together?
   5. Can they make a new car?
   6. Does he have a white eraser in the pencil case?
   7. Does Jenny cry out all the morning?
   8. Do you go shopping every evening?
F 1. Where is his car?
   2. How is your father?
   3. When do you get up?
   4. Who is your sister?
   5. What do you do after school?

1. Where   2. What
　 3. Why   4. Yes, I do.
　 5. No, they aren't.
　 6. Yes, she can.

UNIT 1

3. 명령문

A 1. ②   2. ④   3. ②
B 1. ①   2. ④   3. ③
C 1. ④   2. ①
D 1. Go inline skating.
　 2. Be a best player.
　 3. Don't worry about it.
　 4. Don't be noisy.
　 5. Have some cookies.
E 1. Take a walk with your dog.
　 Don't take a walk with your dog.
　 Let's take a walk with your dog.
　 2. Be quiet in the classroom.
　 Don't be quiet in the classroom.
　 Let's be quiet in the classroom.
　 3. Throw the balls to him.
　 Don't throw the balls to him.
　 Let's throw the balls to him.
　 4. Pull the door.
　 Don't pull the door.
　 Let's pull the door.
　 5. Be kind to others.
　 Don't be kind to others.
　 Let's be kind to others.
　 6. Have breakfast late.
　 Don't have breakfast late.
　 Let's have breakfast late.
　 7. Listen to the radio.
　 Don't listen to the radio.
　 Let's listen to the radio.